오늘도 맑음, 나랑 산책할래요?

고은경, 글_썽, 김은성, 까사아은진, 느루, 백송희, 신혜원,
양현주, 우중밀, 윤슬, 이소정, 이휴영, 하나야, 홍지혜

동네에서 나를 만나다

오늘도 맑음, 나랑 산책할래요?
여는 글

  동네를 산책하며 나를 만난다. 추억이 깃든 가로등, 건물, 계단, 골목, 노점상, 놀이터를 지나고, 공원과 구름과 꽃과 나무를 보며 사람과 가족을 상상한다. 가림막이 있는 버스 정류장과 사진관, 시장과 유치원, 그리고 양옥집과 도서관, 은행을 지나 자판기와 전봇대를 만나고 간판이 예쁜 카페를 스친다. 하늘과 새와 소나무, 학교와 횡단보도와 신호등에서 옛 추억과 어제의 기억이 공존한다. 안개 속에도 현수막, 입간판, 안내표지판이 보이고, 붕어빵과 어묵 국물을 지나치지 못하는 삶, 보호수, 갈대와 등산로 그리고 산책로와 은행나무를 마주하고, 그곳에 머무는 참

새에게 인사한다. 툇마루나 벤치, 때로는 의자에서 쉬어가고, 버스나 자동차, 자전거를 타기도 하고, 편의점 앞의 파라솔에 머물기도 한다. 일상에 필요한 소화전과 분리수거장 그리고 안전하게 하는 CCTV와 안팎을 비추는 창문을 발견한다. 오늘도 이 길을 거닐며 동네를 만난다.

맑은 날도 흐린 날도, 가끔 비가 오거나 천둥·번개가 쳐도, 눈이 내리거나 빙판길이 있어도, 오늘의 마음은 맑음이길 바라며, 산책하다 만난 내 마음을 여기에 펼쳤다.

"나랑 산책할래요?"

고은경, 글_썽, 김은성, 까사아은진, 느루, 백송희, 신혜원,
양현주, 우중밀, 윤슬, 이소정, 이휴영, 하나야, 홍지혜

목차

4   여는 글

13   노점상 • 발이 이끄는 데로
15   가로등 • 가로등 아래 서면
17   공원 • 비 오는 날
19   안내 표지판 • 내가 그려가는 인생의 안내 표지판
21   보호수 • 내가 죽어도 너는 계속 그곳에서 푸르길
23   신책로 • 아침 산책에 받은 선물
26   자전거 • 비로소 보이는 것
29   버스 정류장 • 나의 하루는 버스 정류장에서 보는 하늘 색을 닮았다
31   자동차 • 운전대를 잡고 앞으로
33   소나무 • 길치를 탈출하다-시골길
36   새 • 주변에 있는 작은 생물들
38   시장 • 소소한 행복
40   그늘막 • 주근깨용사

42	신호등 • 사람들 사이에도 횡단보도가 필요하다
44	소화전 • 안전한 일상의 하루가 지켜지기를
46	분리수거장 • 분리수거장에서
48	버스 • 소소한 행복
50	카페 • 책 들고 외출
52	골목 • 9살 인생
54	도서관 • 걷다가 만난 작은 도서관
56	구름 • 그림쟁이와 이야기꾼
58	등산로 • 동네 뒷산에서 배우는 삶
61	양옥집 • 양옥집 앞에 서 있는 작은 아이
63	꽃 • 해마다 갱신하는 꽃과 추억
65	놀이터 • 아이의 놀이터
67	툇마루 • 내가 동경하는 것
70	대문 • 파란 대문과 엄마
73	어묵 국물 • 낯선 사람의 다정함
75	붕어빵 • 겨울 한정판인 붕어빵

78	가림막 •	훈훈한, 혹은 밀폐된
80	건물 •	잘해 나갈 것이다
83	학교 •	학교 운동장으로 밤 산책
85	편의점 •	편의점 속 나방
88	전봇대 •	결승선을 마주했다면 이마와 엄지발가락을 조심한다
91	간판 •	나의 아지트 머터스 펍
94	사진관 •	시간이 머무는 자리
97	은행나무 •	은행잎 따라 걷다가 멈춘 그곳에 추억이 있다
99	은행 •	사라지고 잊히는 것
102	벤치 •	나만의 힐링 벤치
104	CCTV •	누군가 사랑을 묻는다면
107	파라솔 •	당신이 생각하는 편의점 벤치 위의 그것
109	의자 •	오래 걸어 힘들면 가로수길에서 의자를 찾는다
112	입간판 •	CONKE 같은 그녀
115	현수막 •	아름다운 소음들이 넘쳐나기를

117	참새 •	쟤도 자기 엄마에겐 소중한 존재겠지?
119	가족 •	사이좋은 남매가 된다는 것
122	유치원 •	크리스마스 나무
125	갈대 •	본가 앞 배움의 천
128	안개 •	함께 사는 삶
131	횡단보도 •	엄마 손을 꼭 잡고 시간을 건너다
133	자판기 •	과거와 오늘의 추억을 담은 차 한 잔
136	사람 •	다시 한걸음
138	나무 •	위로
141	계단 •	빈틈이 주는 여유로움
144	하늘 •	존재의 의미
146	창문 •	나와 세상의 소통 창구

149	작가의 말
164	닫는 글

※ 작가 별 키워드 안내

고은경 : 노점상, 버스, 사람, 하늘
글_씽 : 대문, 소나무, 유치원, 은행
김은성 : 가로등, 도서관, 벤치, 분리수거장
까사아은진 : 간판, 구름, 보호수, 횡단보도
느루 : 가림막, 꽃, 새, 파라솔
백송희 : 갈대, 그늘막, 입간판, 편의점
신혜원 : 가족, 시장, 어묵 국물, CCTV
양현주 : 소화전, 안내 표지판, 양옥집, 자판기
우중밀 : 건물, 자동차, 참새, 툇마루
윤슬 : 사진관, 신호등, 창문, 현수막
이소정 : 등산로, 자전거, 카페, 학교
이휴영 : 골목, 공원, 나무, 놀이터
하나야 : 계단, 붕어빵, 산책로, 안개
홍지혜 : 버스 정류장, 은행나무, 의자, 전봇대

※ 이 책은 열네 작가의 글이 골고루 섞여 있습니다. 페이지 하단에 글의 작가명이 표기되어 있습니다.

※ 글은 순서대로 읽으셔도 좋고, 불특정한 페이지부터 읽으셔도 괜찮습니다.

노점상

발이 이끄는 데로

'오늘은 어딜 먼저 가볼까?' 동네에 자리한 작은 트럭에서 구워지는 붕어빵의 달콤한 냄새는 나의 발걸음을 멈추게 한다. 겉은 바삭, 속은 팥앙금으로 가득 차 있어 한입 베어 물면 입안 가득 달콤함이 퍼진다. 내가 어렸을 때 바쁜 부모님을 대신해 할아버지가 나와 동생들을 챙겨주셨다. 할아버지가 자주 사주시던 간식이 붕어빵이었다. 봉지에 마지막 한 마리만 남았을 때는 눈알을 굴리며 서로 눈치를 보았던 게 생각난다.

붕어빵 옆 노점상에는 떡볶이와 어묵을 판다. 저녁 시간이 되면 퇴근길에 지친 사람들이 하나둘 모여들어 맛있는 떡볶이와 어묵 국물을 한 컵 들이켠다. 하루의 피로가 싹 가시는 기분. 매콤한 떡볶이는 스트레스를 날려주고, 어묵 국물은 몸을 나른하고 따뜻하게 만들어준다. 내가 자주 가는 떡볶이 노점상 아주머니는 힘내려면 많이 먹어야 한다며 한 국자씩 더 주신다. 그런 따뜻한 정에 이끌려 더 자주 가는지도 모르겠다.

 소화도 시킬 겸 동네 산책을 조금 더 하다 보면, 핸드메이드 액세서리를 파는 노점상도 자주 볼 수 있다. 팔찌, 목걸이, 귀걸이 다양한 액세서리들이 예쁘게 진열되어 있어 나의 눈길을 항상 사로잡는다. 매번 반짝이는 귀걸이들이 '제발 나 좀 사줘'하고 날 부르는 것만 같다. 안타깝게도 알레르기가 심한 나는 매대에 올려진 예쁜 아이들을 내 귀에 꽂을 수가 없다.

 아쉬움을 뒤로 한 채 고개를 돌리면, 저 멀리 과일 파는 노점상도 보인다. 봄에는 딸기, 여름에는 수박, 가을에는 감, 겨울에는 귤. 다양한 색감의 과일들이 눈에 보인다. 신선한 과일을 싼 가격에 살 수 있지만 배가 부른 나에게는 항상 뒷전이다. 오늘은 여기까지. 내일은 내 발이 어디로 날 이끌지 궁금해진다.

가로등

가로등 아래 서면

 벌써 여름이 온 것처럼 뜨거웠던 오후가 지나고 선선한 저녁 바람이 기분 좋게 나를 감싸던 날, 동네를 산책하다 우연히 가로등 불빛 아래 벤치에 앉아 서로를 마주 보며 웃고 있는 남학생과 여학생을 보게 되었다. 같은 교복을 입고 있는 걸로 보아 학교 친구이거나 선후배 사이인 것 같았다. 뭐가 그리 재미있는지 슬쩍 다가가 엿듣고 싶을 정도로 하하 호호 웃는 그 모습을 보니 문득 나의 옛 추억 속 한 장면이 떠올랐다.

 수능을 코앞에 둔 고3 어느 날, 집 앞 가로등 불빛 아래서 그 아이가 수줍게 건넨 반지는 커도 너무 컸다. 엄지손가락에도 헐렁이는 반지 때문에 우리는 서로 마주 보며 한참을 웃다가 어느 순간 서로의 두 눈이 마주쳤고, 그 아이는 조용히 내 이마에 입을 맞췄더랬다. 어리고 순수했던 그때의 우리는 너무 떨리고 어색해서 그다음 무슨 말을 해야 할지 몰라 한참을 고민하다 결국 다시 웃음을 터뜨렸고… 하필 그걸 고스란히 지켜보신 동네 아주머니가 우리 엄마에게 쪼르르 이르는 바람에 나는 집에 들어가자마자 등짝 스매싱을 당했었다. 결국 야속한 동네 아주머니 때문에 내 열아홉의 러브스토리는 달달한 로맨스로 시작했다 웃지 못할 코미디로 끝나버렸지만 그날의 기억은 30년이 다 되어가는 지금까지도 아름답게 남아있다. 그때 그 아이는 지금 어느 하늘 아래에 살고 있을까? 이제는 지나가다 마주쳐도 못 알아보겠지? 이런 생각이 꼬리에 꼬리를 물고 이어지는 동안 내 마음은 어느새 열아홉 그때로 돌아갔고, 나는 추억여행에 빠져 밤바람이 차가워지는 줄도 모르고 온 동네를 쏘다녔다.

공원

비 오는 날

 날이 흐려지더니 아침부터 내내 비가 내리기 시작했다. 유독 걷는 걸 좋아하지 않지만 비 오는 날은 예외다. 주섬주섬 대충 옷을 집어 입는다. 축 처진 무거운 몸을 이끌고 향하게 되는 곳이 있다. 비 오는 날은 이곳이 좋다. 사람도 없고, 조용하고, 사실 사람이 있어도 좋고, 없어도 좋은 곳이지만 비까지 내려주니 한없이 좋은 곳이 되어버린다. 비 때문에 느려진 걸음 때문인지 희뿌연 공원 풍경이 한눈에 들어온다. 우산 위로 따닥따닥 떨어지는 빗방울 소리가 마음에도 떨어진다. 떨어지는 빗소리가 내가 걷는 이곳을 더 운치 있게 해준다. "왜 날 좋은 날은 안 나오고 이런 날 나다니냐?"라며 친구가 묻곤 한다. 날이 너무 좋은 날은 더 나오기 싫다는 말이 누군가에겐 다소 생소하게 느껴지는 걸까? 친구들, 연인, 아이들 삼삼오오 어울려 나오는 모습도 좋지만 난 혼자가 좋다. 기왕 걸을 거면 혼자가 좋다. 오롯이 나 혼자 걷다 보면 별거 아닌 사물에도 집중을 하게 되고, 드문드문 좀 더 시선이 머물게 되는 곳도 발견하게 된다. 나처럼 혼자 걷는 사람, 다정하게 속삭이는 연인들, 친구들과 왁자지껄 떠들며 웃는 사람들을 구경하다 보면 어느새 시간도 금방 지나간다. 문득 사람 냄새가 그리운 날, 내게 말을 나눌 친구가 하나 없어도 외롭지 않다. 아무도 없는 텅 빈 벤치도, 이 길도, 그 옆에 서 있는 나도, 비 오는 날의 산책은 나를 감싸고 있는 스산하고 차가운 공기마저도 품에 안기는 거 같아서 좋다.

안내 표지판

내가 그려가는 인생의 안내 표지판

 아차, 핸드폰을 집에 둔 채 나온 것을 깨달았지만 괘념치 않고 산책을 하기로 했다. 오늘은 오롯이 나만의 산책을 즐길 수 있게 된 셈이라 생각하며 안내 표지판과 직감을 이용해서 길을 찾아보기로 한다. '이 길로 가면 어디가 나올까?'라는 물음에 안내 표지판은 솔직하고 정확한 답을 알려준다. '더 걸어볼까? 아니면 이만 멈추고 돌아갈까?'라는 물음에 대한 선택은 스스로 내리며 한 걸음 한 걸음 내디뎌본다.
 그럼에도 불구하고 길치인 나에게 이런 모험은 쉽지 않은 도전이다. 알고 있는 길은 빠르게 걷지만 모르는 길을 걸을 때면 저절로 걸음 속도가 늦어진다. 그러나 괜찮다. 누가 쫓아오는 것도 아니고 도착 시간이 정해져 있는 것도 아니다.

천천히 나만의 속도로 길과 풍경을 익히며 걷다 보니 어느덧 동네를 한 바퀴 돌고 집으로 돌아올 수 있다. 그리고 그렇게 나는 오늘 나만의 새로운 산책 코스를 만든다.

 길에는 이렇게 안내 표지판이 있지만 인생에는 표지판이 없는 것 같다. 아니, 없다기보다는 각자 본인의 표지판과 길을 만들어가며 살아간다. 물론 때로는 헤매기도 하고 잘못된 길로 들어서 마음이 조급해지기도 한다. 나 또한 의도치 않은 상황 속에 넘어지기도 했고 다시 일어서기도 했으며 결코 쉽지만은 않은 삶에 좌절하기도 했었다. 답답한 마음에 누군가 내 삶의 안내 표지판을 제시해 줬으면 하는 생각이 들 때도 있다. 그러나 그렇다면 인생이 재미없지 않을까. 길을 알려줄 인생의 안내 표지판은 내가 그려나가면 된다. 오늘도 내일도, 그리고 그다음 날도. 나만의 속도와 스타일로 말이다.

보호수

내가 죽어도 너는 계속 그곳에서 푸르길

 해야 할 일들은 많은데 도무지 손에 잡히지 않을 때 문득 떠오르는 나무가 있다. 예전에 살던 동네에서 내가 자주 찾아가 시간을 보내곤 했던 나무다. 날씨가 좋을 땐 나무 아래에서 책도 읽고 바로 앞 놀이터에서 강아지와 뜀박질도 했었다. 그 나무가 있는 옆 동네로 산책을 나갔다.

 569년 동안 한 장소에 서 있는 느티나무와 마주 보고 섰다. 여전히 웅장하다. 그동안 얼마나 많은 사람들이 이 나무를 지나쳐갔을까? 나무를 뒤덮고 있는 수피의 거친 결의 자국마다 깊은 사연들이 빼곡하게 담겨있을 거 같다. 거대한 뿌리가 땅 위로 솟구친 모습에 나무도 답답했을 거 같단 생각이 들었다. 나무도 어디론가 떠나고 싶을 때가 있을 텐데. 그럴 때는 어떻게 참을까? 바람이 불어 잎을 흔들고 지나갈 때 나무는 바람을 잡고 싶을까? 날개를 접고 쉬어가는 새들에게 가지를 내어줄 땐 세상의 이야기를 듣고 싶어 귀 기울이진 않을까? 작은 인간이 찾아와 미친년처럼 혼자서 쫑알대니 성가실까 싶어 잠시 입을 다물고 기대선다. 대답이 없어도 좋다. 기대선 나에게 초록 그늘을 내어주는 나무가 이미 나를 위로해 주는 듯해서. 자주는 못 오지만 이렇게 가끔 찾아왔을 때 나의 이야기를 들어주는 나무가 항상 이곳에 있으면 좋겠다. 태풍에 쓰러지지 않고 굳건하게!

산책로

아침 산책에 받은 선물

 봄이 오기 싫은 날씨가 마지막으로 온 힘을 다해 저항한다. 아파트 공동현관을 나서는 순간 귓가를 스치는 차가운 바람은 이제 정신 차릴 시간이라고 속삭인다. 겨울보다 3월의 날씨가 차게 느껴지는 것은 우리 옷차림이 달라졌기 때문일 수도 있다. 등교하는 아이들의 옷차림도 두꺼운 패딩보다는 조금 가벼운 점퍼로 바뀌었다. 발목이 드러난 짧은 체육복 바지를 입고 가는 여학생이 오늘따라 유난히 추워 보이는 것은 쌀쌀한 아침 기온 탓일지도 모른다. 친구들과 신나게 '재잘재잘 종알종알' 거리는 아이의 모습에서 추위는 전혀 느낄 수 없고 아침 산책의 상쾌함만 더한다. 아침에 만나는 아이들의 모습은 다양하다. 언니, 오빠와 함께 걸어가는 1학년인듯한 아이의 얼굴에서는 아직 긴장한 표정을 감출 수 없다. 갓 입학한 학교생활이 익숙하지 않아 어쩌면 재미보다는 두려움이 더 클 수도 있다. 가끔 만나는 길고양이들을 보면 쭈뼛거리면서 옆으로 피한다. 낯선 학교생활에 자신 없는 마음이 그대로 드러나는 것 같다. 고학년은 스마트 폰을 보며 무리 지어 친구들을 기다린다. 천천히 걸어오는 친구에게는 빨리 오라고 소리치기도 한다. 모두 모이면 남자아이들은 서로 떠밀고 장난치며 뛰어간다. 여자아이들은 조용하지만 재빠르게 이야기를 나누면서 걷는다. 초등학교 아이들의 등교도 아파트 주민들의 출근을 위한 차량 행렬도 끝난 길거리는 어느 순간 조용해진다. 고요한 길에 나타나는 또 다른 그룹은 노란색 버스를 기다리는 유치원 아이들이다. 엄마 옆에 서서 호기심에 가득 차 무언가를 계속 질문하며 떠드는 아이에게 동생의 유모차를 밀며 대답해 주는 엄마들의 얼굴에 행복이 가득하다. 아이들이 유치원 버스를 타는 모습을 보지 못하고 나는 집으로 돌아온다. 그렇게 나서서 만나는 아이들의 소음, 그리고 적당한 자동차 소리와 차가운 듯한 시원한 아침 공기를 느끼는 순간이 좋다. 특별할 것이 없지만, 특별한 아침을 선물 받는 시간이기 때문이다.

동네에서 나를 만난

하나야

자전거

비로소 보이는 것

 퇴근길 버스 안, 유독 그날 멀미가 심했다. 꽉 막힌 도로 위 오랫동안 타고 있어서 그런지, 신경 쓰이는 일들이 있어서 그런 것인지는 모르겠지만 말이다. 그러다 문득 자전거 타고 출퇴근하고 싶다고 생각했다. 결국 주말에 난 자전거 판매점에 방문했다. 바구니가 달려 짐을 놓기 딱 좋고, 민트초코 아이스크림이 생각나는 색깔의 자전거가 내 마음에 쏙 들었다. 그렇게 충동적으로 자전거를 샀다.

 이제 막 기름칠 된 새 자전거를 바로 타고 싶었다. 그래서 함께 매장에 온 엄마와 동생은 버스를 타고 난 부드럽게 굴러가는 페달을 밟으며 집으로 향했다. 페달을 밟을수록 느껴지는 바람이 앞으로의 자전거 출퇴근을 설레게 했다. 그날 저녁, 나는 가족들과 식사하며 내일부터 자전거 출근에 관한 다짐을 선포했다. 가족들은 금방 포기할 것인가, 끈기 있게 타고 다닐 것인가 열띤 논쟁을 펼쳤다.

내 첫, 자전거 출근. 내비게이션에 따르면 버스를 타고 가는 것과 소요 시간은 비슷했다. 하지만 혹시 몰라 여유시간을 두고 일찍 출발했다. 자전거 타고 출근하는 길은 1시간 반이 훌쩍 넘었고, 힘들어서 주변을 실필 겨를도 없었다. 얼굴은 빨개져 곧 터질 것 같은 얼굴로 아슬아슬하게 출근 시간 맞춰 도착했다. 나는 가쁜 숨을 몰아쉬고서는 동료 선생님들에게 나의 첫 자전거 출근에 관한 이야기를 펼쳤다. 자전거 타고 첫 퇴근길도 주변을 살필 겨를 없이 집으로 향했고, 집에 도착해 또 자전거 출근에 대한 이야기를 펼쳤다.

자전거 출퇴근도 어느덧 일주일이 지났다. 익숙해지고 나니 자전거를 타고 가는 길에 보이는 동네의 모습, 우리 동네를 넘어 이웃 동네의 모습까지도 눈에 들어온다. 그래서인가 동네 산책을 나온 것처럼 상쾌해서 퇴근길이 더 좋아졌다. 길에 나란히 줄지어진 나무들도, 버스 정류장에 앉아 있는 사람의 모습도, 신호 대기 중에 있는 자동차, 맛있는 음식점, 공사 중인 보도블록 그리고 어두워지는 하늘의 모습과 수많은 불빛이 어우러지는 모습까지도 참 좋았다. 자전거를 타는 데 익숙해지고 편안해지니, 비로소 보이지 않았던 것들이 보였다.

버스 정류장

나의 하루는 버스 정류장에서 보는 하늘 색을 닮았다

2024년 4월 1일 월요일. 4월을 시작하는 날이었다. 한 주의 시작이기도 했다. 한창 낮엔 그래도 해가 떠 있다고, 조금 따뜻한 편이었다. 하지만 그리 오래가지는 않았다. 할 일을 마친 볕이 수평선 너머로 떨어지자마자, 너무, 너무 추웠다. 시야가 약간 흐렸다. 금방이라도 비가 올 것처럼 습하고, 꽃샘바람은 날카로웠다. 일기예보를 검색해 보았다. 이틀 뒤 이른 시간부터 비가 온다고 했다.

낮에 커피도 못 마시고, 저녁밥도 못 먹고, 빈속으로 버스를 타고 집으로 돌아가는, 어떤 토요일 밤이 있었다. 조심스레 좌석에 앉아 버스 유리창을 쳐다봤다. 도시에 가득한 회색 직육면체는 노을 이불을 덮었다가 잠투정인지 발로 차 버렸고, 하늘 위 검은 색종이는 주변 빛을 온통 머금었다. 사십 분쯤 타고 도착한 집 근처 버스 정류장에서, 직육면체와 색종이들은 나에게 '이제 집에 가야 한다'라며 속삭였다. 아쉬움에, 정류장 오른쪽 어깨에 손을 얹었다. 버스가 올 때를 기다리며 도로와 하늘을 번갈아 쳐다봤다. 문득 내 삶에 가장 어두웠던 시기가 떠올랐다. 따뜻함을 채 머금지도 못하고 찬 구름이 가려버린 그때 하늘은, 이곳에서 가장 파란 하늘이었다.

 나는 지금도 이 동네 어딘가에서 삶을 이어가며, 아득하게 파랗던 하늘을 곱씹고 있다. 다만, 예전과 달라진 점이 있다. 이제 그 파란 하늘과 구름 사이에서도, 따뜻한 볕을 마주할 내일을 기다린다. 내가 있는 곳, 너희들이 있는 곳, 모두가 있는 이 세상에, 상냥한 온도를 가진 바람이 불어주길 바라며.

자동차

운전대를 잡고 앞으로

현실이 답답하고 앞날도 잘 안 보이던 힘든 시절. 오전 운동을 마치고 동네를 하염없이 걷다가 2층에 위치한 한 카페에 들어가게 되었다. 창가에 앉아서 책을 읽다가 문득 창밖을 보았는데 멋진 미니쿠퍼 한 대가 카페 앞에 멈추어 서더니 곧이어 한 여성이 운전석에서 내렸다. 카페에서 커피를 테이크아웃으로 사서 나온 그녀의 차는 곧 출발했다. 옷차림을 보니 그녀는 출근 전에 커피를 한잔 사서 가는 것으로 보였다. 순간 나의 상황과 비교가 되면서 그녀가 매우 부러웠다. 차를 운전할 수 있는 능력과 여유, 커피를 사서 어딘가 갈 곳이 있다는 점이. 당시의 나는 앞으로 무슨 일을 해야 할지 막막한 상황이어서 더욱 그런 마음이 들었던 것 같다.

오늘은 장을 보고 난 후 집에 바로 가기는 아쉬워 드라이브스루로 커피를 주문하고 기다리는데, 문득 나의 지금 모습이 당시의 내가 부러워하던 모습임을 깨닫고 피식 웃음이 났다. 지금의 나는 겉으로는 미니쿠퍼의 그녀와 비슷할지 몰라도, 그 속은 멋지기만 하지는 않기 때문이다. 40대인 나는 여전히 일과 진로에 대한 고민을 하고 있다. 운전도 근거리는 편하게 하지만 고속도로를 타야 하는 장거리 운전은 아직 겁이 나는 것이 현실이다. 그래도 어떤가. 내가 운전해서 커피를 사러 갈 수는 있지 않은가. 올해는 장거리 운전에도 익숙해져 생활 반경을 넓혀보고 싶다. 어차피 인생에 대한 고민은 사는 동안 계속될 것 같으니, 운전대를 잡고 계속 가보자.

소나무

길치를 탈출하다-시골길

 길을 잃었다. 대단지 아파트단지 안에서 빵을 하나 사 들고 선 채 빙빙 도는 건물을 올려다보면서 아득해지는 느낌을 공포로 느꼈다. 아이를 등에 업고 길을 잃었다는 생각은 오래도록 잊히지 않는 부끄러움이었다. 나는 길치다. 낯선 곳으로 간다는 것은 엄청난 힘을 필요로 한다. 동네 산책을 해도 마찬가지다. 익숙한 길은 주로 직선 코스다. 앞으로 가서 찻길을 건너고 다시 앞으로 갔다가 뒤로 돌아서 걸어 왔던 일을 반복하는 것이다. 엄청나게 길눈이 밝은 사람과 함께 산책을 가면 마치 선행학습을 한 친구와 공부 이야기를 하는 기분이 들 만큼 아득해진다. 그때마다 내 머릿속은 정신이 없다. '나를 놔두고 급한 일이 있다고 가버리지는 않을까?' 내심 걱정을 한다.

만약을 대비해서 산책을 하면 나름 나만의 안내 표지판을 외운다. '다모'라는 찻집의 이름을 기억하고 그 앞 골목길을 걷는다. '칼국수집'을 외우고 찻길을 건넌다. 기껏 외워놓은 가게가 없어지면 혼란이 온다. 다시 머릿속 지도를 재정비해야 한다. 이런 과정을 몇 달 동안 해야만 겨우 동네 골목길을 외우고 몸이 자동으로 움직이게 된다.

시골로 이사를 와서 좋은 점은 산책하는 데 어려움이 없다는 것이다. 구불구불한 길을 걸어서 내려가면 오른쪽에 노인회관이 있다. 그 앞에는 줄장미를 가득 이고 있는 대문집이 있다. 조금 더 걸어가면 무릎높이까지 만들어놓은 화단에 무스카리나 분홍달맞이꽃, 수선화 등을 가꾸는 집이 있다. 공조팝나무가 가득한 담장을 지나면 물소리가 맑고 시원한 개울물이 흐른다. 멀리 논밭이 펼쳐져 있어서 달리 안내 표지판이 없어도 길을 잃을 염려가 없다. 높다랗게 시선을 가리는 건물이 없어서 좋다. 산등성이 홀로 선 소나무를 지표 삼아 방향을 정해 걸을 자신도 있다. "저 산의 왼쪽이 우리 동네야." 자신 있게 말을 하는 나는 시골에서는 절대로 길치가 되지 않는다. 기껏 해야 비슷한 헤어스타일에 비슷한 옷차림을 한 동네 어르신을 구분하지 못하는 정도이다. 안면

인식장애가 슬슬 드러나는 것 빼고는 시골길 산책은 항상 옳다.

새

주변에 있는 작은 생물들

 여름 어느 날, 이사 오기 전 동네에서 잘 들어보지 못한 예쁜 새소리가 났다. 눈에 보이지는 않지만, 새벽이랑 아침 사이에 울던 울음소리가 귀벌레처럼 머물러 앱과 동영상을 찾아보고 유사한 새소리가 어떤 것이 있나 찾았다. 열심히 찾은 결과 유리딱새나 딱새라는 새로 추정된다는 것을 알 수 있었다. 궁금증은 해결되었지만, 앱과 동영상에서 보던 여러 가지 새들이 인상에 깊게 남아 새를 바라보는 탐조라는 취미를 알게 되고, 책을 샀다. 휴대전화를 바꾸면서 동네 공원에 사는 새 사진을 찍게 되었다. 처음엔 새들이 어디 있는지 잘 보이지 않아 부모님의 도움을 많이 받았었다. 눈앞의 새를 알려주서도 잘 못 봐 놓치는 일이 흔했었다. 이런저런 과정을 거치고 난 후 요새는 이사 온 동네 근처 공원에서 새 사진을 찍고 있다. 지금도 새들을 잘 발견을 하지 못하고 부모님의 도움을 받곤 하지만 새를 보고 찍으면서 우리 주변에 분포도와 빈도, 계절에 따라 이렇게 많은 새가 살고 있구나 생각하게 된다.

새들을 보다가 족제비도 보게 되고, 길고양이, 유기묘와 유기견도 보게 되고, 곤충과 식물들도 본다. 그에 따리 생명체를 소중히 여기고 돌보는 분들도 가끔이지만 마주친다. 생명체를 돌보고, 가꾸고, 책임지는 일이 쉽지 않은데 대단한 사람들이라고 생각된다. 나도 언젠가 길 위의 생명체를 돌보거나 그런 단체들을 지원하고 싶다. 그리고 그런 사람들이 많아지면 자연에서도 도시에서도 사람과 여러 생명체가 더 잘 공존하게 되지 않을까. 언젠가 그런 날이 오기를 소망한다.

시장

소소한 행복

대형마트도 좋지만 가끔은 흙이 다 털리지도 않은 나물이 있는, 달콤한 간식 냄새가 진동하는 시장에 가는 걸 좋아한다. 시장을 좋아하게 된 계기는 아마 엄마의 영향이 크지 않을까 싶다. 어렸을 적 요리를 좋아하는 엄마는 회사에 출근하지 않는 날이면, 동네 한 바퀴를 돌고 마지막엔 꼭 시장에 들렀었다. 그럴 때마다 떡꼬치라도 하나 얻어먹을까 싶은 마음에 항상 엄마 손을 잡고 같이 시장에 가곤 했다. 그땐 움직이는 미꾸라지를 보며 키우고 싶다고 떼를 쓰기도 했었고, 따끈따끈한 두부 한 모가 든 봉지를 건네받으며 "내가 들어줄게!"라며 으쓱거리기도 했었다. 근데 왜 점점 혼자만의 시간이 좋아지는 걸까? 산책가자는 엄마의 말에 싫다며 방에만 들어가고,

공원을 걷고 싶을 땐 혼자 나갔다 온다고 말하는 무심한 딸이 되어버렸다. 그러던 어느 날, 엄마랑 동네를 걷다가 오랜만에 시장에 들러 장을 봤다. 20년이란 시간이 흘렀지만 엄마는 어렸을 적 모습과 그대로인 모습으로 너무나 행복하게 이것저것 둘러봤다. 그리고 신기하게 또 하나 변하지 않는 것이 있었다. 바로, 끝까지 나의 손을 놓지 않는 것. 너무 보들보들하다며 내 손을 몇 번이고 쓰다듬고 꽉 잡고 그렇게 엄마와 나는 계속 걷고 또 걸었다. 엄마보다 작았던 나는 엄마보다 키가 커졌고, 잡고 있는 엄마의 손엔 주름이 많이 늘었다. 행복해하는 엄마의 얼굴을 보고 있으니 소원이 있다면 시간을 멈춰 달라고 빌고 싶었다. 왜 그동안 엄마의 "시장 가자", "놀러 가자", "산책 가자"라는 말을 무시해 왔는지, 빠르게 흘러간 시간이 야속하게만 느껴졌다. 그날은 아무 걱정 없는 어린아이로 돌아간 듯한 느낌까지 들었다. 집에 돌아와 침대에 누워 멍-하니 천장을 바라보며 하루를 돌아보며 생각했다. 누군가가 나에게 행복을 묻는다면 아마 나는 이렇게 대답할 거 같다. "내 손을 쉴 틈 없이 쓰다듬으며, 밝게 웃는 엄마를 보는 것"이라고.

신혜원

그늘막

주근깨용사

며칠 전과 확연히 달라진 따뜻한 날씨에 햇빛도 기세등등하게 내리쬐는 날이었다. 가로등 위 참새가 지저귀고 집 앞 교회에 주말 예배를 온 건지 사람들 소리도 북적북적 들렸다. 모여있는 원룸 빌라 옆에 피어난 그늘을 지나 큰 도로에 섰다. 신호등을 기다리느라 몇 초도 안 서 있었는데 햇빛이 나만 공격하듯 쏘아댔다. 찡그려지는 미간의 감각에 서둘러 한 손을 펼쳐 이마에 가져다 대미니 양산을 만들었다. 눈부심을 해결했다만, 가만히 있다가 열받은 깡통마냥 터져버릴 것만 같아 고개를 돌려 나의 그림자를 없애버릴 그늘을 찾았다.

어릴 때 우리 엄마도 버스를 기다릴 때, 잠시 신호등을 기다릴 때 항상 그늘을 찾아다녔다. 엄마네 집은 예전부터 농사를 지어서 성장기 때 단백질을 많이 섭취할 기회가 적다 보니 피부가 안 좋다는 투정을 했다. 그래서 더욱 햇빛 아래에 있으면 기미가 생긴다나 뭐라나. 어렸을 때 내 눈에는 엄마가 엄청 예쁘고 고와 보였나 보다. 항상 말버릇이 "엄마는 왜 연예인 안 해?"였을 정도니까. 그런 나의 연예인이 고작 기미가 겁나서 그늘에 숨어있다니. 어린 나는 그럴 때면 "기미 까짓 게 내가 맞서 싸워주지"라며 허리춤에 손을 얹고 하늘로 얼굴을 들이밀었다. 얼굴에서 나오는 에너지 빔 때문인지 얼굴이 따끔따끔했고 무모한 자의 훈장으로 주근깨를 얻었다. 나의 연예인이 햇빛과 싸운다면 여전히 당당하게 맞서 싸울 것이다.

신호등

사람들 사이에도 횡단보도가 필요하다

동네를 산책하다 보면 넓은 사거리가 나온다. 적당한 거리를 앞에 두고 신호를 기다리다 파란 불이 들어오면 약속대로 서로 엇갈려 건넌다. 이 풍경을 멍하게 보고 있자니 사람들 사이에도 횡단보도가 있었으면 좋겠다는 생각이 든다. 적당한 거리에서 서로 마주 보며 신호를 기다린다. 빨간불에는 자신의 위치에서 멈춰 선다. 그리고 초록 불이 들어오면 천천히 걸어오면 된다. 너무 느리다 싶으면 20초, 15초 초를 읽어주며 조금 서둘러 건너오라 신호를 한다. 10초, 9초 초가 짧아질 때면 깜빡, 깜빡 사인을 주며 지금은 너무 급하니 달려오지 말라고 알려준다. 이렇게 상대의 마음을 알려주는 신호등이 있었으면 좋겠다. 특히 가족, 부부, 애인처럼 가까울수록 적당한 거리가 필요하고 상대의 마음을 살피는 신호등이 필요하다. 친할수록 모든 것을 알아야 하고 가까워야 한다는 것은 위험한 편견 같다. 그런 사이일수록 더욱더 서로가 숨 쉴 수 있는 거리가 필요하다. 서로의 마음을 이해하고 기다려 주는 거리, 그래서 사람들 사이에도 횡단보도가 필요하다.

소화전

안전한 일상의 하루가 지켜지기를

 언제 저 자리에 저런 소화전이 있었지? 집 앞 횡단보도를 건너는 순간 앞에 놓인 빨간 소화전이 눈에 들어왔다. 꽤나 강렬한 색으로 존재감을 나타내고 있음에도 일상생활에서 소화전의 존재는 미미한 듯하다. 하지만 조금만 신경을 쓰고 찾아보면 슈퍼 가는 길, 병원을 가는 길 등 주변의 공간에 알게 모르게 빨간 소화전이 설치되어 있는 것을 볼 수 있다. 이렇게 평소에는 그저 자리를 지키고 있는 듯한 소화전이지만 위험 속에서 그 역할은 빛을 발한다. 조용히 있다가 위기 속에서 실력을 드러내는 영웅 같다고 할까.

 지금은 온전히 불길의 흔적이 사라졌지만 언젠가 한밤중 집 앞에서 불이 난 적이 있었다. 누군가 "불이야!"를 외치는 소리에 잠이 깼던 것 같다. 비몽사몽 속에서 나가보니 집 앞 건물이 불에 타고 있었고, 여러 대의 소방차가 불을 끄고 있는 중이었다. 불은 꺼졌지만 건물은 전소되었는데, 다행히도 인명피해는 없었던 것으로 기억한다. 당시 나의 기억에 소화전의 존재는 미미하지만 분명 소화전은 그 상황에서 역할을 다하고 있었을 것이다. 묵묵히 자리를 지키며 본연의 역할을 다하는 소화전, 작지만 꼭 필요한 존재가 소화전이 아닐까. 하지만 그런 의미와는 별개로 앞으로 나의 삶에서 소화전과 관련된 에피소드는 일전의 단 한 번의 사건으로 끝난 것이기를, 일상의 안전한 삶이 계속되기를 기원한다.

분리수거장

분리수거장에서

결혼한 지 20년이 넘은 지금도 남편이 무척 예뻐 보일 때가 있다. 음식물 쓰레기를 버리러 갈 때와 분리수거를 하러 갈 때다. 물론 그걸 제외한 대부분의 집안일은 나의 몫이지만 내가 제일 싫어하는 두 가지를 알아서 담당해 주는 남편이 그렇게 고맙고 예쁠 수가 없다. 생각해 보면 그 일들이 아예 못할 만큼 힘든 일도 아닌데 나는 왜 그렇게 하기 싫은 걸까? 하긴 남편도 하기 싫겠지…. 그러니 군말 없이 알아서 해주는 남편이 예쁠 수밖에. 덕분에 나는 여태 아파트 단지에 음식물 쓰레기통이 어디에 있는지, 분리수거장이 어디에 있는지도 모르고 살았다. 그러다 얼마 전 새로 이사 온 동네를 산책하다 군데군데 커다랗게 설치된 분리수거장 앞을 지나게 되었다. 그

동안 살았던 동네는 따로 분리수거장이 없어서 몰랐는데, 처음 보는 분리수거장은 생각했던 것보다 훨씬 깨끗하게 잘 관리되어 있었다. 게다가 거기에는 내가 생각하지 못했던 다양한 품목들을 버릴 수 있는 함들이 너무 많았다. 예를 들어 고장 난 소형 가전(헤어드라이어, 커피포트 등)을 버리는 함이나 프라이팬이나 냄비를 버리는 함 등 그동안 어디에 어떻게 버려야 할지 몰라서 이고 시고 살았던 것들을 한 방에 해결할 수 있게 된 것이다. 나는 너무 반갑고 기쁜 마음에 남편에게 전화를 걸어 말하려다 불현듯 남편은 이미 이곳에 수도 없이 와봤다는 사실을 깨달았고, 갑자기 이렇게 좋은 걸 여태 알려주지 않은 남편에게 화가 났다. 분명히 얼마 전에 프라이팬을 새로 바꾸고 싶은데 원래 쓰던 걸 어디다 버려야 할지 몰라서 계속 쓰고 있는 중이라고, 이러다 평생 프라이팬을 못 바꾸는 거 아니냐며 남편에게 하소연할 때도 시치미를 뚝 떼던 그였다. '뭐지? 그는 왜 나에게 말하지 않은 걸까? 내가 이것저것 막 버리고 새로 살까 봐? 아니면 분리수거할 거리가 많아질까 봐?' 그날 나는 답도 없는 질문을 하고 또 하느라 온 동네를 하염없이 걷고 또 걸었다.

김은성

버스

소소한 행복

 종종 아이들과 함께 버스를 타고 동네를 구경하곤 한다. 버스에 타면 들뜬 기분으로 빈자리를 찾는다. 좌석은 2개지만 사람은 3명, 어떻게든 같이 앉아보겠다고 꾸역꾸역 끼여 앉는다. 그 또한 아이들에게는 재밌는 경험인지, 아주 즐거운 표정이다. 버스가 이동하며 동네 곳곳을 지나간다. 가게들의 번쩍이는 광고판들도, 길가의 나무와 꽃들도, 지나가는 사람들의 모습들도 모두 우리의 이야깃거리다. 예전에는 없었는데 새로 생긴 가게나 카페에 가 본 이야기도 나누고, 공사 중인 건물을 볼 때면 어떤 건물이 들어설지 상상하며 누구의 생각이 정답일지 내기도 해본다. 작은 공원이나 놀이터를 새롭게 발견할 때면 아이들의 눈이 그렇게 커질 수가 없다. 다음에 가보

자고 약속하면 어찌나 좋아하던지. 노래를 들으며 춤을 추는 사람들도 중간중간 보인다. '혹시나 우리가 길에서 장난칠 때, 다른 사람들도 우리처럼 쳐다보진 않을까?' 하며 키득키득 웃기도 한다. 소소함에서 느끼는 즐거움. 아이들의 행복한 얼굴을 보니 나 또한 기분이 좋아진다.

 누군가에게 "너는 지금 행복해?"라는 질문을 받았을 때, 말문이 턱 막힌다. 행복을 갈망하지만, 어떻게 해야 행복을 찾을 수 있을지 막막할 때가 있다. 곰곰이 생각해 보니 일상 속에서 감사의 마음을 가지고 작은 일에 기쁨을 느끼는 것, 이런 것들이 행복 아닐까 싶다. 행복을 찾기 위해 멀리 가거나 특별한 것을 기다릴 필요가 없이, 어쩌면 지금 이 순간에도 행복은 우리 곁에 있을지도 모르겠다. 오늘도 아이들과 버스를 타며 소소한 행복을 느껴본다.

카페

책 들고 외출

 아직 읽지 못한 책들이 방 한편에 쌓여있다. 어떻게 이 책을 읽어야 할지 막막함을 느끼며 책을 바라보기만 할 뿐, 지나쳤다.
 그날은 약속이 있는 날이었다. 약속 시간까지 시간이 남아 근처 카페에 잠시 머물러야겠다고 생각했다. 그래서 쌓아둔 책 중 눈에 띈 『어떻게 살아야 할지 막막한 너에게』 책을 가지고 집을 나섰다. 가지고 나온 책을 읽기에 딱 좋은 조용하고 잔잔한 노래가 흘러나오는 동네 카페를 찾기 시작했다. 그러다 학창 시절 자주 가던 카페가 생각나 한 골목길에 들어갔다.
 그곳에서 내가 찾고 있던 카페를 발견했다. 오픈 시간이 얼마 지나지 않아 사람이 없어 조용했고, 잔잔한 음악이 흘러나오고 있는 카페였다.

이런 분위기라면 책이 더 잘 읽힐 것만 같았다. 메뉴판을 천천히 보았다. 책에 집중하고, 천천히 마시며 머무를 수 있는 음료를 찾았다. 그래서 나는 평소에 잘 마시지도 않던 따뜻한 차 한잔을 주문하고 창가 쪽에 자리를 잡아 앉았다. 그리고 가지고 나온 책을 꺼내 펼쳤다. 손이 가지 않고 눈길이 가지 않은 책이었는데 신기하게 술술 읽혔다. 어떻게 살아갈지 고민하는 나에게 조언을 해주는 책이었다. 인생, 세상, 돈, 사람, 문제, 일을 대하는 태도에 관해 아버지가 자녀에게 편지를 써 전달하는 내용들이 참 인상 깊었다. 나는 인상 깊었던 글들을 종이에 적어두었다. 나도 누군가에게 조언을 해주는 순간이 있다면 이 작가처럼 해주리라, 나도 자녀가 생긴다면 뜻깊은 이야기들을 해줄 수 있는 사람이 되리라 다짐도 하며 책을 덮고 카페를 나왔다. 이날 이후로, 때때로 방 한편에 쌓인 책에 눈길을 주고 눈에 띈 녀석과 함께 집을 나선다.

골목

9살 인생

　어릴 적 나는 시골에 살았다. 벼농사 밭농사가 주를 이루는 곳과는 거리가 먼 시내 쪽이었다. 장황하게 펼쳐진 벼가 있는 곳도 아니었고, 밭도 찾아보기 힘든 곳이었었다. 버스나 자동차가 지나다닐 수 없는 골목도 유난히 많았다. 근처 두어 개밖에 없는 초등학교는 아이들로 넘쳐났다. 아침마다 동네는 학교 가는 아이들로 북적거렸다. 아침에 일어나 친구들과 우르르 몰려 가는 등굣길은 정신은 없었지만 늘 유쾌하고 즐거웠다. 그러던 어느 날, 배앓이로 한 시간 이상 늦어졌다. 당시만 해도 학교 빠지면 큰일 나는 줄 알았던 시대에 아파도 학교 가서 아프라는 엄마의 말은 어찌나 잔인하게 들리던지. 이미 친한 친구들은 먼저 가버린 터였다. '아, 이리도 심심할 수가' 실내화 가방을 돌려본다. '아. 재미없어' 터덜터덜 걷는 내 걸음은 묵직한 돌보다도 무거운 거 같았다. 배도 좀 나아진 것 같고, 여기저기 분주해 보이던 아침 등굣길 풍경이 사라지면서 평소와는 다른 것들이 눈에 들어오기 시작했다. 어찌나 한적하고 조용하던지. 그런 분위기 탓이었을까…. 처음 보는 다른 길로 들어섰다. 내 작은 키에 저만치 보이는 학교 건물은 금방이라도 도착해 보일 듯 가깝게 느껴졌다. '지름길일까?' 천천히 걸어 들어갔다. 땅에서 축축한 습기가 올라왔다. 끈적끈적 캐러멜 덩어리가 밑창에 깔린 거 같았다. 해 하나 들어오지 않는 어둡고, 습한, 벽 틈 사이로 듬성듬성 머리를 내민 잡초가 눈에 띄게 많았다. 바닥엔 바짝 엎드린 이끼가 내 발목을 붙잡고 있는 거 같았다. 학교 건물이 코앞이다. 다 왔을까 싶어 도착한 곳이, '아뿔싸 막다른 골목이다.' 지각이다. 왜 도저히 앞으로 나아갈 길이 없음을 두고 막다른 골목에 다다랐다고 하는지 9살 인생에 제대로 배웠다.

도서관

걷다가 만난 작은 도서관

 내가 살고 있는 동네는 큰 회사와 공장, 연구소 건물이 많은 과학 산업단지다. 지명도 생소한 이곳으로 처음 이사를 왔을 땐 집 밖으로 나갈 일도 나가야 할 이유도 못 찾아서 하루 종일 집에만 처박혀 있었다. 그러다 해가 점점 길어지는 계절이 찾아오니 나도 모르게 집 밖으로 나가 아파트 단지 안을 걷게 되었다. 처음엔 현관 앞 놀이터까지만 걸어야지 생각했는데, 어느새 옆 단지 놀이터까지 걷게 된 나는 거기서 '작은 도서관'을 만났다. 작은 도서관은 이름처럼 정말 작고 아담했다. 들어가자마자 바로 보이는 알록달록한 색상의 유아용 책상과 어린이용 책상에는 책을 읽고 있는 꼬마 손님들이 몇몇 앉아 있었고, 그리 크지 않은 서가에는 주로 어린이를 위한 책들이 많았지만 어른용 신간도 제법 있었다. 서가를 둘러보는 잠깐 사이 도서관에는 꼬마 손님들이 자주 들락거렸다. 책을 빌리러 오거나 반납하러 오는 친구들과 놀이터에서 뛰어놀다 물만 마시러 오는 친구, 혹시 내 친구가 여기에 와 있나 궁금해서 잠시 들른 친구들이었다. 이제 막 걸음마를 뗀 아가 손님은 엄마 손을 잡고 도서관을 누비다 유아 방에 앉아 엄마가 읽어 주는 책을 가만히 듣기도 했다. 나는 도서관 크기만큼이나 삵은 꼬마 손님들을 만날 수 있는 그곳이 너무 마음에 들었다. 그래서 지금은 '도서관 활동가'가 되어 시간이 날 때마다 꼬마 손님들을 만나러 도서관에 간다. '오늘은 어떤 꼬마 손님이 오려나?' 설레는 마음을 안고 도서관으로 향하는 발걸음은 언제나 가볍다.

구름

그림쟁이와 이야기꾼

 1층인 우리 집은 주위를 둘러싸고 있는 주택들 때문에 하늘이 퍼즐 조각만큼 작게 보인다. 답답한 마음에 집을 나서서 하늘이 시원하게 보이는 동네 공원을 걷는다. 공원 옆엔 넓은 운동장이 있어 언제나 아이들의 함성과 땀 내음이 가득하다. 아이들의 활기찬 모습을 보다가 무심코 하늘을 볼 때면 구름 주연의 무성영화가 펼쳐질 때가 있다.

 기발한 형상의 구름은 마치 큰 물고기가 앞에 가는 작은 물고기를 잡아먹으려고 이빨을 드러내고 쫓아가는 듯한 모습으로 나의 상상력을 마구 자극한다. 또 어떤 날엔 공원 나무 위에 걸린 구름이 마치 팔베개를 하고 나무 위에 누운 사람의 모습으로도 보인다. 그것도 다리를 꼰 채 아주 편안한 모습으로. 그런 구름을 보고 이야기를 상상하는 즐거움 덕에 산책하는 재미가 솔솔 하다. 그렇다고 매번 구름이 그런 형상으로 이야깃거리를 들려주진 않는다. 별다른 이야기가 없어도 파란 하늘을 사부작사부작 움직이는 구름을 보는 것만으로도 길을 걷는 발걸음이 가벼워진다. 나와 같이 산책하는 우리 집 강아지 혜자에게도 구름을 보여주고 싶어 품에 안아 하늘을 향해 올려주면 뭘 보라는 거냐는 듯 빌버둥을 친다. 구름의 이야기를 나 혼자만 보고 즐기는 것이 아깝다. 다음엔 남편에게 무성영화도 볼 겸 산책하러 함께 나가자고 꼬셔봐야겠다.

등산로

동네 뒷산에서 배우는 삶

어느 일요일이었다. 늦게까지 침대에서 누워있는 나를 창문 너머 밝은 햇빛과 구름 가득한 하늘이 날 밖으로 불러냈다. 이런 좋은 날씨에 집에만 있기에 아깝다는 생각이 들어 밖으로 나와 동네를 산책하며 뒷동산에 오르기 시작했다. 산의 초입부터 높은 계단이 나를 반기고 있었다. 한 계단, 두 계단 오르기 시작하며 후회했다. 계단이 끝나니 오르막길이 나왔다. 아~ 난 왜 하필 갑자기 산으로 산책을 나온 것인가. 그래도 걷기 시작했으니, 내려갈 수 없어 등산로를 따라 계속 올라갔다. 잠깐 쉬라는 듯이 목이 타고, 잠깐 멈추라는 듯이 발바닥이 저려오기도 했다. 유혹에 끌려 잠깐이라도 쉬면 다시는 못 걸을 듯 다리가 무거워져 멈출 수도 없었다. 이내 땀방울이 내 얼굴선을 따라 흐르고, 모자 안에 숨긴 머리카락은 축축해져 버렸다. 드디어 정상이 보이는데 또 한 번의 가파른 계단과 오르막을 마주했다. 그냥 돌아 집에 갈까 생각도 들었지만, 정상에서 내려다보는 동네가 보고 싶다는 생각에 돌아갈 수 없었다. 후들거리는 내 다리가 힘 풀려 넘어질까 봐 정상까지 이어져 있는 등산로 줄을 잡고 한 발 한 발 내디뎠다. 드디어 정상에 도착했을 때 땀으로 가득 차 있던 모자를 벗어 던지니 시원한 짜릿함이 느껴졌다. 등산을 좋아하는 사람이 보았을 때는 한없이 낮은 산이었을 수도 있겠지만, 나에게 있어서는 나름의 높은 산이었다. 힘들게 올라온 정상에서 머물다 가고자 정자에 앉았다. 가만히 앉아 동네를 내려다보니 어디선가 들어보았던 말이 떠올랐다. '등산은 우리의 삶과 같다'라는 이 말.

 나는 2023년을 끝으로 퇴사했다. 퇴사에 수많은 이유가 붙겠지만 팀장이라는 위치까지 올라가는 길이, 팀장이라는 책임감을 느끼고 걷는 길이 힘들었다. 그런데 퇴사하고 내려오니 한없이 가벼웠다. 산에 정상을 찍고 내리막길을 걷는 기분이랄까? 그리고 이제 다시 내가 하고 싶은 것들을 찾아 한 걸음씩 걸어 올라가고 있다. 마주하는 불안감들이 마치 가파른 오르막길을 만난 것처럼 나를 힘들게 하지만, 이 불안감들을 견디고 앞으로 올라가다 보면 마침내 내가 하고 싶은 것을 이룰 수 있다는 것들을 바라보고 다시 한번 더 나아가야겠다고 다짐했다.

'등산은 우리의 삶과 같다'는 이 말은 어쩌면 오르막이 있으면 내리막도 있다는 것. 올라갈 때의 고난과 힘듦이 있지만 가고자 하는 지점에 도달했을 때의 성취감을 느낄 수 있다는 것, 그리고 인내심을 가지고 계속 앞으로만 나아간다면 목표에 달성할 수 있다는 것을 담고 있을 것이다.

이렇게 나는 동네 뒷산에서 오르막과 내리막의 삶을 배우고 내려왔다.

양옥집

양옥집 앞에 서 있는 작은 아이

 사방이 아파트인 집 주변을 벗어나 한적한 골목에 들어서자 여러 채의 양옥집이 나타났다. 성냥갑 같은 똑같은 외양의 아파트와는 달리 양옥집은 사는 사람의 취향을 드러내듯이 풍기는 분위기가 조금씩 다르다. 어떤 양옥집에서는 나무가 빼꼼 인사하듯이 밖을 향해 자라있기도 하고, 어느 집은 무슨 이유에서인지 담벼락에 바람개비를 연달아 꽂아두기도 했다. 바람이 불자 신나게 돌아가는 바람개비를 보며 고개를 돌렸더니 어느 양옥집 앞에 어린아이가 서 있었다. 주말이었기 때문에 아이는 아마도 친구들과 놀다가 귀가하는 길이었을 것이다. 그 모습을 보고 어린 시절 나도 양옥집 앞에 서 있었던 기억이 어렴풋이 났다.

양옥집 안의 작은 단칸방에서 온 가족이 살았던 시절이었다. 매번 양옥집에서 나오는 나를 보고 학교 친구들은 우리 집에 오겠다며 성화를 부렸고 집 앞까지 오기는 했지만 눈앞의 벨이 우리 집으로 연결되는 벨이 아닌 것을 알고 있는 나는 선뜻 누르지 못했다. 가난하다는 것이 숨길 일도 아니고 창피한 일도 아니건만 이제 막 초등학교에 들어간 나이의 나는 이곳이 우리 집이 아니라고 밝히는 것이 부끄러웠던 것 같다. 지금은 그날의 당황했던 감정만 기억날 뿐, 그 뒤는 기억나지 않는다. 과연 나는 어떻게 했었을까?

 과거의 상념에서 벗어나 다시 눈앞을 보니 어린 아이는 망설임 없이 벨을 누르고 집 안으로 들어가고 있었다. 왠지 다행이다 싶어져 안심이 되면서 어린 시절 그때 그 골목, 양옥집 앞에서 망설이고 들어가지 못했던 작은 아이를 따뜻하게 보듬어 주고 싶어지는 날이었다.

꽃

해마다 갱신하는 꽃과 추억

어릴 때는 꽃에 관심이 없었다. 가끔 꽃 사진을 찍기만 했을 뿐이다. 그러다 살을 빼고 운동을 하기 위해 부모님과 자주 산책했을 때부터 본격적으로 꽃 사진을 찍기 시작했다. 처음에는 부모님께서 꽃을 좋아하셔서 덩달아 찍었지만 언젠가부터는 저절로 하게 되었다. 주로 동네 공원이나 동네 산에서 찍게 되는데 산수유, 진달래, 매화, 살구, 벚꽃 종류들, 튤립, 장미, 수국, 국화 등 다양한 꽃들을 해마다 갱신하고 있다. 시기만 되면 피는 꽃이지만 해마다 개화 시기가 다르고 양, 색깔, 향기에 차이가 있어 신기하다. 어느 연도에는 꽃이 향기가 좋고, 색깔과 형태가 다양하고, 꽃이 피는 양도 많아 주변에서 꽃을 잘 느낄 수 있다. 어느 연도에는 상대적으로 향기도 덜하고,

색깔이 흐리멍덩하며, 꽃이 피는 양이 적어 다소 실망스러울 때가 있다. 그 다름을 휴대전화에 해마다 찍고 갱신한다. 그다음에 사람들과 다 같이 보면서 꽃이 피는 시기마다 어떻게 달랐는가 보고, 얘기하기도 한다. 그 외에도 해마다 이 주변에서 가족들이 그때 어떤 행동을 했고, 어떤 말을 했는지 기억나는 것도 좋다. 꽃이 필 때마다 꽃에 대해서 그리고 꽃과 엮인 추억에 대해서 생각하는 게 재미있다.

 이제는 가족들 간의 추억뿐만이 아니라 동네에 꽃나무를 심는 프로그램에 참여함으로써 동네 사람들 하고 추억을 쌓는 것도 괜찮을 것 같다. 더불어 꽃필 때 동네 커뮤니티에 참여해서 이런저런 이야기를 하는 것도 좋겠지라는 생각이 든다. 언젠가는 동네 커뮤니티에 참여해서 꽃을 보고 추억을 만들 기회가 생겼으면 좋겠다.

놀이터

아이의 놀이터

 2013년 아이가 태어났다. '어라? 책에서 본 것과는 다르게 아이가 잠이 없네.' 분명 신생아는 먹고, 자고, 싸는 일이 다라고 들었는데. 그때부터 아이의 놀이터는 시작이 되었다. 2시간 이상 통잠을 자지 못하는 아이는 늦은 밤, 꼭두새벽, 이른 아침 가릴 거 없이 '놀아줘' 사인들을 보내며 나와 시간을 함께 보내고자 애썼다. 24시간 대기조 놀이터는 다른 방안을 모색. '잠이 없는 아이에게 시달리느니 차라리 걷기를 선택했다. '걷자!!' 온 동네 구석구석 놀이터를 찾아다니기 시작했다. 꼭 재미있는 놀이기구가 없는 곳이어도 상관없었다. 아침 댓바람부터 나와 늦은 밤까지 걷고 또 걸었다. 매일이 이른 아침부터 아이를 데리고 나오는 게 일상이 되어버렸다. 아이가 4살 때, 한파가 몰아치던 겨울이 생각난다. 아이를 어린이집에 보내려고 아침 7시부터 주변 놀이터에 킥보드를 타고 있었다. 그 모습에 아이를 본 어린이집 원장님이 엄청 놀라셨던 기억이 난다. 10년 이상 어린이집을 운영했지만 낮잠 한 번 안 자고 졸업하는 아이는 처음이라고. 그런 잠 없는 아이를 데리고 하루 종일 돌아다닌 놀이터 순회는 잊혀지지도 않는다. 아이는 지금도 놀이터인 나를 찾는다. 이제는 좀 자라서 굳이 내가 24시간 대기조일 필요는 없지만, 여전히 나는 아이가 찾아 주기를 기다린다. 조금은 올드한 표현으로. "엄마. 밤마실 가자!" 아이가 외친다. 나는 여지없이 외출 준비를 서두른다. 버거웠던 시간은 어느새 지나가고 아이와 함께 나가는 길은 내게도 큰 놀이가 된다. 아이의 놀이터로 내가 들어간다.

툇마루

내가 동경하는 것

직장인에게 점심시간은 소중하다. 점심은 샌드위치 등으로 간단히 해결하고 점심시간을 이용하여 혼자서 산책을 하는 것은 나의 포기할 수 없는 즐거움이다. 그날도 점심시간이 되자마자 서촌으로 부지런히 발걸음을 옮겼다. 시민에게 개방된 공공 한옥이 서촌에 있다고 해서 한번 가보고 싶었기 때문이다. 옛 정취를 느낄 수 있는 구불구불한 골목을 걷다 보니 어느새 공공 한옥에 도착한다. 아직 주변 직장인들이 점심을 먹고 있을 시간이라 아무도 없는 한옥을 찬찬히 둘러보다가 툇마루에 앉는다. 툇마루에 앉아 마당을 가만히 바라보자니 어린 시절 외갓집 툇마루에 앉아 바라보던 풍경이 떠오르면서 미소가 지어진다.

초등학교 저학년 시절, 방학이 되면 부모님은 언니와 나를 시골 외갓집으로 데려다주셨다. 거기서 방학이 끝날 때까지 부모님 없이 외삼촌 가족과 지내는 것이었다. 그렇게 방학 때 외갓집에 가면 아이들이 많았다. 일단 외갓집 아이들이 둘, 외삼촌 쪽 친척 아이들이 언니와 나를 포함하여 넷, 외숙모 쪽 친척 아이들 둘 정도 하여 총 여덟 명 정도의 아이들이 시골집에서 지냈다. 거기에는 어린 시절 자연을 접하며 자라는 것이 정서에 좋다는 외삼촌의 뜻이 있었다. 우리들은 외갓집 툇마루를 무대 삼아 역할놀이를 하기도 하고, 깨 수확 철에는 외삼촌과 외숙모가 깨 수확하시는 모습을 툇마루에 걸터앉아 구경하기도 했다. 집 앞 마당에 비닐을 깔고 그 위에 깨 나무를 탁탁 치며 깨를 털고 다 턴 깨나무는 불에 태우셨는데, 그때 '따닥따닥'하는 재미있는 소리가 났다. 시골이라 지나다니는 차가 거의 없었는데, 가끔 차가 지나가는 소리가 들리면 키 작은 우리들은 툇마루에 올라가 까치발을 들고 담장 밖을 내다보곤 했다.

 지금도 틈틈이 이렇게 한적한 곳을 찾아다니고,

시간이 날 때면 핸드폰으로 부동산 앱을 켜서 시골집 매물을 검색해 보는 것을 보면 어린 시절 시골 외갓집에서 보낸 시간이 나에게 큰 영향을 끼친 것 같다. 한적한 시골 마을을 동경하는 나, 언젠가는 시골집에서 살게 될 날이 올까?

대문

파란 대문과 엄마

 구부러진 골목길과 대문이 길가에 나란히 있는 동네가 마음에 들어서 이사를 왔다. 산책할 때마다 대문과 마당이 보이면 기분이 좋아진다. 어릴 때 우리 집은 파란 대문이었다. 대문을 열면 기다란 마당이 있고 오른쪽에는 엄마의 화단이 있었다. 무화과나무 한 그루와 포도 세 그루가 있어서 여름이면 시원한 그늘을 만들어주는 마당이었다. 어린 시절 추억 덕분에 대문이 있는 집을 보면 마당 안이 무척 궁금해진다. 빨랫줄은 있을지, 화단에 수국은 있을지.

 남편과 산책을 마치고 나서 길 건너 수제비집으로 점심을 먹으러 갔다. 식당 뒤편에 주차장만 있는 줄 알았는데 집이 있었다. 민트색 벽돌담에 파란색 대문이 있는 집이었다. 가슴이 쿵쾅거렸다. 한참을 문이 닫힌 남의 집 앞에 서서 고향 집을 떠올렸다.

한 뼘 넓이정도의 판자를 세로로 세우고 가로로 지지대를 붙인 고향 집의 파란 나무 대문. 집이 제일 좋았던 어린 나는 마당에서 잘 놀았다. 그러다 동네 개구쟁이들이 지나갈라치면 후다닥 달려가서 대문을 철커덕 닫았다. 그리고 나무 틈 사이로 내다보면서 "오지 마!" 소리를 치곤했다. 아이들이 나 시나갔는지 확인하려고 코를 박고 눈을 부릅뜨며 불안감을 잠재우는 문지기 노릇을 했다. 그 파란 대문은 나에게 철옹성이었다. 하지만 집 밖에서 바라보는 대문은 겨울 정원을 가진 거인의 성문이었다. 학교를 마치고 집으로 갔을 때 대문 앞에서 "엄마! 엄마!" 소리쳐 불렀다. 엄마의 대답이 들리지 않으면 빈집인 것이다. 엄마가 없으면 대문을 넘어서지 못했다. 열린 대문이어도 선뜻 우리 집으로 들어갈 수 없었다. 툇마루의 시커먼 그늘아래에는 무서운 괴물이 나를 기다렸다가 엄마가 없는 틈을 타서 잡아먹을 것 같았다. 화장실 문은 내게 덜컹덜컹 큰 소리를 쳤다. 대문 앞에 쪼그리고 앉아서 엄마가 올 때까지 눈물을 참으면서 기다렸다. 뒤늦게 엄마가 와서 왜 밖에 있냐고 물어도 대답을 못 했다. 엄마가 없는 집이 싫다는 말이 나오지 않았다. 그래서인지 나는 전업주부가 된 것이 기뻤다. 아이들이 외출했다가 돌아오면 항상 현관문을 열어주는 엄마가 되려 했다. 엄마의 품에 뛰어드는 아이들이 좋았다. 아무도 없는 빈집에서 불을 켜고 들어오는 가족들의 마음이 무섭고 스산할까 봐 겁이 났던 것이다. 아직도 내면의 아이는 파란 대문 앞에서 엄마를 기다리던 채로 있다. 얼른 어른으로 키워야 하는데 쉽지 않다. 파란 대문을 보면 아직도 가슴이 쿵쾅거린다. "엄마!" 부르고 싶어진다. 파란 대문 앞에서 나는 그때의 나를 다시 만난 기분이 들었다. "그렇게 좋아?" 남편이 물었다. "다음엔 여기까지 걸어서 오자." 엄마가 그리운 날에 걸어야겠다.

어묵 국물

낯선 사람의 다정함

 내가 사는 신림역엔 노점상이 많다. 평소엔 그냥 지나치다가도, 추운 겨울날이면 신림역 7번 출구 앞에 줄지어 늘어선 노점상들을 지나치기 어렵다. 출근할 땐 아침부터 부지런히 나와 준비하시는 걸 보고, 퇴근길엔 이미 익을 대로 익어 맛있는 냄새를 풍기는 떡볶이와 튀김, 어묵 국물을 마주한다. 집에 도착해서 운동복으로 갈아입고 운동을 가는 중에도, 운동을 끝내고 집으로 가는 길에도 노점상의 냄새는 나를 미친 듯이 유혹한다. 날씨가 따뜻해지면 좀 참겠지만, 추운 겨울이면 따뜻한 기억 때문인지 아니면 몸이 추워서인지 노점상을 그냥 지나치기가 어렵다. 가만히 따뜻한 기억을 따라가 보면 벌써 20년 전이 되어있다. 초등학생 시절, 학원을 갈 땐 꼭 학원 차를 기다렸다가 타고 가야만 했다. 학원 차를 기다리는 곳엔 오랜 시간 자리하고 있던 떡볶이와 순대, 어묵을 파는 노점상이 있었다. 장갑도 끼지 않은 차가워진 손을 호호 불어가며 차를 기다려야 했는데 그때마다 주인아주머니는 종이컵에 어묵과 국물을 담아 무심하게 툭 건네주시곤 했다. 학원 차가 언제 올지 몰라 호로록 먹으면서 입천장을 데기도 했지만 어린아이에게 건네진 어묵 국물은 그 어떤 것보다 따뜻했고, 소중했다. 어묵 국물이 찬 몸을 녹여서도 있겠지만, 낯선 사람이 준 따뜻한 '정' 때문에 더 그렇게 느꼈던 거 같다. 그래서일까? 지금도 퇴근길에, 운동이 끝나고 난 후에 겨울이면 포장마차에 들러 어묵 하나와 국물을 종종 마시는데 그 시절 어린아이가 느꼈던 따뜻함보다는 덜하고, 덜 소중하다고 느껴진다. 차가운 회색 도시에 촉촉했던 감정이 메말라 버린 걸까, 아니면 이제 어린아이가 아니어서 그런 걸까. 곰곰이 생각해 보니 어른이 되어간다는 건 어쩌면 평생 간직하고 싶은 소중한 추억들을 품에 안고 그 기억으로 살아가는 것 같다.

붕어빵

겨울 한정판인 붕어빵

 변덕스런 봄 날씨가 마치 다시 겨울이 오는 듯하다. 오늘따라 마트 옆에서 팔던 붕어빵이 그립다. 서늘한 바람이 차가운 바람이 되어 옷깃을 파고드는 계절인 가을의 끝쯤이면 우리 동네에 향긋한 냄새가 유혹을 시작한다. 개업을 알리지도 않고 나타나는 거리의 붕어빵 장수는 나이와 세대를 가리지 않고 따뜻한 추억을 안겨주는 선물과도 같다. 우리 동네 붕어빵 장수는 TV에서 볼 수 있는 연예인보다 만나기가 어렵다. 일주일에 한 번 우리 동네에 오기 때문이다. 전에는 붕어빵 장수가 오지 않아서 겨울이 되면 이사 오기 전 동네까지 붕어빵을 사러 가기도 했다. 트럭이 온 첫해, 아저씨는 장사를 처음 하는 것처럼 붕어빵 굽는 것이 서툴렀다. 붕어빵이 나란히 누워 기다리는 것보다 기다리는 사람의 줄이 더 길었다. 이제 붕어빵 아저씨의 솜씨는 늘어 예전보다 빨라졌다. 그러나 언제나 붕어빵을 사려면 줄을 서야 한다. 우리가 이렇게 붕어빵에 열광하는 이유는 무엇일까? 아마도 붕어빵이 겨울이 가면 만나지 못하기 때문 아닐까? 편의점에서 언제나 만나는 과자처럼 먹고 싶을 때 어디서든 먹을 수 있는 것이 아니라는 점이 우리의 마음을 흔들리게 하는지도 모른다. 겨울이 가고 나면 한동안 먹지 못한다는 사실, 토요일에 먹지 못하면 일주일을 기다려야 한다는 사실이 동네 사람들을 줄을 서서 기다리게 하는 것이 아닐까? 물론 요즘은 붕어빵을 커피숍에서 팔기도 하고 냉동 붕어빵도 있지만, 노점에서 먹는 맛과는 다르다. 가끔 사계절 내내 판매하는 붕어빵 장수를 만나기도 하지만 겨울이 아니면 별로 당기지 않는다. 나는 겨울에 만나는 한정판 붕어빵에만 열광한다. 한정판인 연예인 굿즈를 사기 위해 우리는 오픈 런을 하기도 한다. 그러나 우리는 우리에게 주어진 시간도 한정판이라는 사실을 잊고 산다. 지난 5분은 내 인생에 다시 오지 않는 5분이다. 이 한정판인 시간을 절대 놓치면 안 되는 것이다. 그렇지만 이 귀한 시간을 우리는 그냥 흘려보내고 있다. 전 세계에 하나뿐인 나의 한정판인 시간을 소중히 대하는 오늘을 살자.

가림막

훈훈한, 혹은 밀폐된

 이사 오기 전 동네에는 없었고, 이사 온 동네에 살기 시작하면서 생기기 시작한 버스 정류장 근처의 이상한 시설이 있다. 바로 '버스 정류장 가림막'이다. 처음 지나가면서 봤을 때는 버스 정류장을 둘러싸고 골조와 투명판이 붙어있는 채로 있어 궁금증을 약간 자아냈다. 추위를 막아주긴 하겠지만 '저 간단한 시설이 얼마나 추위를 막아줄까' 하고 생각했다. 얼마 지나지 않아 버스를 탈 일이 있어 안에 들어가 보니 생각보다 바람은 잘 막아줘서 나쁘지 않았다. 버스의 위치를 알려주는 알림판도 안에 있어 버스 탈 때 빼고는 밖에 나갈 일이 없어 좋았다. 사소한 변화였지만 겪어 보니 괜찮은 변화였다.
 다만 아쉬운 점이 하나 있었으니 밀폐되는 것

이었다. 마스크를 쓸 때는 괜찮았지만, 마스크를 끼지 않을 때는 가림막이 없을 때보다 공기가 통하는 공간이 좁아졌다. 이렇다 보니 많은 사람이 내보내는 냄새와 특유의 답답함은 어쩔 수 없는 것 같아 뭔가 보완할 수 있는 게 있었으면 좋겠다 싶다.

 겨울의 버스 정류장 풍경도 이 시설이 생기고 나서 많이 달라졌다. 예전에는 해마다 버스를 타려는 승객들이 매서운 바람에 덜덜 떨며 기다리고 있는 일이 흔했다. 이제는 버스 오는 시간이 가까워져 가림막 밖으로 나갈 때가 아니고서는 안에서 바람을 맞지 않고, 앉거나 혹은 일어서서 있게 되었다. 매서운 바람을 맞지 않게 된 것이다. 비록 추위를 막기에는 미약하지만 바람과 진눈깨비, 눈에 맞지 않으니 그것만으로도 어디냐 싶다.

건물

잘해 나갈 것이다

 내가 다닌 대학교가 있는 동네를 오랜만에 가게 되었다. 대학생 시절, 그 동네에 살던 학생을 과외로 가르친 적이 있는데, 집들이 언덕 위에 자리 잡고 있고 집들 상태도 열악하여 살기 힘들겠다고 생각했던 동네였다. 그런데 오랜만에 방문한 그 동네는 예전 모습은 온데간데없고 번듯한 건물과 새 아파트들이 들어서 있어 상전벽해라는 말을 실감할 정도가 아닌가. 호기심에 열어본 부동산 앱에서 그 동네의 아파트가 현재의 나의 자산 수준으로는 사기 어려운 정도의 가격대를 형성하고 있음을 확인한 순간, 한 단어로 표현하기 힘든 복잡한 감정이 밀려왔다. 마음을 잘 들여다보니 그것은 회한, 부러움, 미안함이었다.

그 마음의 근원은 '내가 좀 더 일찍 투자에 관심을 가지고 실행했더라면 지금쯤 그만한 자산을 가질 수도 있었을 텐데'와 같은 흐름이었다. 원래도 사실 내 것은 아니었지만 뭔가 나의 불찰로 놓쳐버린 기회 같은 느낌이랄까. 그러면서 자연히 예전의 나에 대해 회한의 마음도 올라왔다. 그리고 그런 기회를 잡은 것 같은 사람들에 대한 부러움까지. 너무도 적나라한 나의 마음 상태를 보면서 나의 밑바닥을 본 느낌이라 부끄럽기도 했다. 건강하지 못한 생각이라는 느낌이 들어 객관적으로 바라봤다. 당시의 내가 투자에 관심을 갖지 않은 것은 아쉽지만 내 인생을 충실히 살았기에 비난할 것도 없다. 앞으로 내가 할 수 있는 것을 하면서 비교하는 마음을 다스리려 노력하면 될 일이다.

하지만 다스리기 어려운 감정은 아무래도 미안함이다. 아이를 키우는 데 돈이 전부가 아니라는 것은 물론 알고 있지만, 경제적으로도 든든한 버팀목이 되어 주고 싶은 것은 자연스러운 마음일 터. 그래서 경제적 측면에서 스스로 아쉬움을 느낄 때면 내 아이에게도 미안한 마음이 드는 것이다. 이러한 미안함은 자산 측면에 국한되지 않고, 매일매일 육아를 하면서 내가 하는 선택이 제대로 된 것인가 하는 마음이 들 때 서툰 엄마라 또 미안한 마음이 든다.

 이런 이야기를 하면 남편은 아이는 아이의 삶이 있고 잘 헤쳐 갈 것이라고 말해준다. 그래서 힘을 얻는다. 나는 내 할 일을 잘하고, 아이는 잘해 나갈 것이다. 무엇보다도, 일단 오늘 오후 아이와 시간을 보낼 때 힘들어 마음이 흔들리지 않도록 나 스스로를 잘 돌보자.

학교

학교 운동장으로 밤 산책

 초등학교에 모든 불이 꺼져있는 늦은 밤. 그날 무슨 이유였는지, 누구와 함께 나갔는지 기억은 나지 않지만, 산책하러 나갔던 날이었다. 동네가 개발되기 전이라 가로등도, 불빛도 하나 없는 고요한 학교 운동장을 한 바퀴를 걸었다. 그러다 문득 학교를 바라보았는데 2층의 빨간 불빛이 흘러나오고 있었다. 그리고 마치 하얀 형태의 누군가가 쳐다보는 듯한 느낌에 무서움을 느끼고 집으로 돌아왔다. 학교에서 보았던 것이 귀신이었을까 봐 등골이 오싹했다. 혼자서 이런저런 생각에 밤새워 뒤척였다. 그리고 다음 날, 학교에 가서 친구들에게 이야기했다. 1학년부터 6학년까지 모두 1반밖에 없었던 작은 학교인지라 내가 말한 이야기는 금세 소문이 퍼졌다. 있던 괴담, 없던 괴담까지 돌고 돌았던 것 같다. 누군가는 내가 본 것을 보겠다며 밤 산책을 학교로 나섰다. 그렇게 시간이 지나고 빠르게 퍼진 소문들 사이에 진실도 밝혀졌다. 내가 본 빨간 불빛은 소화전의 불빛이었으며, 누군가 바라본 것 같다던 하얀 물체는 빛이 퍼져나가며 보이는 것이었다. 안심되기도 했지만, 귀신을 봤다고 이야기한 내가 부끄럽기도 했다.

그때를 떠올려보면, 밤에 학교로 나가는 산책은 담력 체험 같아서 무섭지만 가보고 싶었던 것 같다. 지금 그곳은 동네가 개발이 많이 되어 2층의 작은 학교는 사라지고, 밝은 빛을 내는 아파트와 가로등으로 가득 찼다. 동네를 걷다가 학교가 있던 장소를 지나가거나 다른 곳에서 학교를 만나면 그때가 문득 생각나고, 그 시절이 그립기도 하다.

편의점

편의점 속 나방

 첫 직장에서 인턴 신분으로 약 5개월 정도 용인한 변두리로 보내졌다. 또래도 없었고 환경도 낯설었고 방 안에 있는 짐이라곤 생수와 이불뿐이었던 그곳. 참 쓸쓸하고 외로웠다. 내 방은 모텔 뷰였고 주변에는 척박하게 생긴 원룸 건물 몇 개와 매립지를 설립하던 공사 구역뿐이었다. 당시 퇴근을 하고 자기 계발을 해볼까 싶기도 했지만 책상 없이 방바닥에서 하려고 하니 의지가 나지 않아 주변 편의점에 나가 소주 한두 병을 사와 친구들과 전화로 수다를 떨 뿐이었다. 이 짓도 한 달간 하다 보니 혼자 시간을 보내는 날이 많아졌다. 그런 날에는 더욱이 배가 고팠다. 회사 식당에서 저녁을 먹고 퇴근한 날이었는데도. 숙소 주변 도로에는 걸어 다니는 사람도 차도 없고 가로등이 띄엄띄엄 있어서 집 밖을 잘 나가지 않지만 숙소에서 바로 보이는 편의점의 밝은 조명은 항상 나에게 안전을 보증해 주듯 날 불렀다. 막상 걷다 보면 10분 정도 걸어야 하는 거리지만 언젠가 닿을 그 불빛을 보다 보면 어느새 도착해있었다. 그곳에는 항상 나와 비슷한 외로운 나방들이 있었다. 배가 굶주린 건지 사람에 굶주린 건지 모를 나방들과 같이 뱅글뱅글 몇 바퀴를 돌다 비닐봉지 하나를 들고나왔다. 단순히 알코올중독이라고 정의하기엔 억울하고 할 말도 많았던 5개월을 겨우 채우고 정직원 면접을 보기 위해 본사로 일주일 정도 서울에 올라오게 되었다. 합격 결과를 받은 후 다시 복귀하려고 하니 숙소가 변경되었다는 소식이 들렸다. 부장님들과 내가 거센 항의에도 바꿔주지 않았던 모텔 뷰 숙소가 변경된 사유를 들어보니, 내 아래층에 살던 23살 남자가 힘든 선택을 했다고 했다. 전주가 고향인 그는 친한 형과 함께 사업을 하기 위해 부모님께 성공하고 돌아오겠다고 신신당부를 하고 서울로 올라왔다. 사업 과정에서 형에게 사기를 당해 3천만 원 빚이 생겼고 이를 만회하기 위해 다시 힘을 내서 근처 물류센터로 출퇴근을 하고 있었다. 그의 집에는 초록 병들이 많았고, 그가 발견된 차

안에도 한 병이 있었다고 한다. 무엇이 그를 굶주리게 했을까. 그는 무엇이 고팠을까.

전봇대

결승선을 마주했다면
이마와 엄지발가락을 조심한다

 돌아온 주말. 아침 일찍 가족들과 5km 마라톤을 달리고 와서, 함께 점심을 먹고 집으로 돌아오는 길을 말 없이 바라만 보며 걸었다. 건물이 들쭉날쭉하지 않고, 평균적으로도 높지 않은 편이라 하늘을 구경하기가 참 좋은 우리 동네. 하늘이 높게 느껴지지 않고 평평한 도화지에 하늘색 물감을 무던히 뿌려놓은 듯하다. 그 도화지에 건물 모양의 김밥을 투박하게 진열해 놓았다고 상상했다. 어쩐지 배가 조금 고파졌다.

 2024년 4월 15일 월요일이었다. 비가 왔다. 봄꽃이 무슨 일로 오래 펴 있나 했는데, 이제야 비가 왔다. 봄꽃들은 이제 퇴근하고, 비 머금어 무성한 풀잎들만 보였다. 그 사이에 엉성하게 비에

젖다 만 전봇대 옆 현수막은, 나무와 수풀 사이에서 독보적인 존재감을 뽐내고 있었다. 그 창백한 돌기둥과 듬성듬성 하얀 천들은, 따뜻한 햇볕을 머금는 청량함을 등지고서 '우리는 차가운 현실이다'라고 말하는 듯했다. 근처에서는 담배 연기 냄새가 났다. 나는 두 눈을 잔뜩 찌푸렸다. 코끝이 시큰했지만, 울지 않았다. 다만 두 손으로 이마를 짚었다. 이내 눈을 가리고 그 자리에서 주저앉았다. 하지만 여선히 울지 않았다.

어떤 날은 멍하니 길을 걷다가 코앞에 전봇대가 있는 줄 알고 놀라서 양팔을 들었는데, 알고 보니 아무것도 없어서 민망했던 적이 많다. 그만큼 화들짝 놀란다. 내가 가는 길 앞에, 어딘가에, 무언가가 있을까 봐 놀란다. 이미 눈앞에 있는 일보다도, 아직 눈앞에 보이지 않더라도 예언인 마냥 무언가 떠오르면 두려워서 움츠리게 되는 것 같다. 기실 내가 떠올린 '내 앞을 가로막는 무엇'은 예언도 아니거니와, 하물며 예정된 일도 아니다. 혹여 상상한 무언가가 현실이 되더라도, 그건 자연재해에 가까운 현실이다. 그냥 내가 겪은 거다. 이렇게 아는데, 그럼에도 매번 놀라는 건 아직 용기가 부족한 걸까. 자꾸만 의기소침하다.

홍지혜

빈 용기에 아무리 용기를 메꾸어도 비어있는 듯
한 기분을 지울 수 없다. 당장이라도 전봇대에
머리를 스스로 박고 싶은 기분이 들기도 한다.
하지만 그럴 용기도 부족하다. 오늘도 있는지도
없는지도 모를 결승선을 마주하고 있다.

간판

나의 아지트 머터스 펍

 저녁을 먹고 소화를 시키기 위해 남편과 동네 산책을 한다. 산책 코스는 여러 길이 있다. 근처 중학교 앞으로 가서 양재천으로 가는 코스, 편의점을 끼고 놀이터가 있는 쪽으로 가는 코스, 성당과 절이 있는 쪽으로 가는 코스. 이 많은 코스를 마다하고 마을버스 정류장 쪽으로 걷는 남편의 속셈은 명징하다. 바로 한잔이 하고 싶은 거다! 그런 남편에게 눈을 흘기면서 살짝 고민에 휩싸인다.

 "여보, 이제 밥 먹고 나와서 배부른데 술이 들어가겠어? 오늘은 참자~ 근데 거기 반 건조 노가리가 맛있긴 해! 아니야, 나 지금 다이어트 중인데! 그래서 아까 밥도 조금 먹었단 말이야." 종알대는 내가 발걸음을 늦추면 슬쩍 팔짱을 끼고 당기는 신랑의 걸음에 흔들리던 나는 선심 쓰는 척 "그래, 딱 한잔만 하자!"면서 이마트 앞을 지나쳐 버스 정류장 쪽으로 걷는다.

"안녕하세요, 우리 왔어요." 하며 들어선 곳은 바로 머터스 펍이다. 헤어스타일이 독특한 사장님의 사진을 간판에 새겨 넣은 것도 모자라 가게 유리문에도 도배를 해놓았다. 머리 가운데 부분만 남겨 상투를 틀어 묶고 나머지 주위 머리카락은 싹 밀어버리고 턱수염을 기른 첫인상은 범접하기 어려웠다. 그러나 선한 성정과 성실함에 여수에서의 사장님 결혼식도 참석할 정도로 우리는 친한 사이가 되었다. 동네 최애 술집으로 지인들과 아지트로 애용했던 술집은 코로나가 시작되면서 발길이 뜸해졌고 아쉬운 마음도 점점 익숙해져 갔다. 그러다 결국은 그 고비를 못 넘기고 폐업을 결정했다는 연락을 받았다. 그때 사장님에겐 어린 딸아이가 있었던 터라 조심스러워 만나자는 얘기도 못 했고 그렇게 간판은 사라지고 연락이 끊겼다.

취하도록 술을 마셔도 집에 갈 걱정을 안 하던 곳이었다. 우리가 조금 더 자주 갔었다면 폐업을 안 했을까 하는 미안함도 들면서 사람들과의 만남을 차단시켰던 코로나가 원망스럽다. 몇 년이

지났는데도 사장님의 얼굴이 그려져 있던 간판이 잊히지 않는다. 버스 정류장 앞 건물은 여전히 그대로인데 마음 편히 술 한잔했던 나의 아지트는 추억 속으로 사라졌다.

사진관

시간이 머무는 자리

 옛날에는 동네마다 사진관이 있었다. 사진관 진열대에는 결혼사진부터 가족사진, 증명사진까지 다양한 사진들이 진열되어 있었다. 만나본 적도, 알지도 못하는 사람들이지만 그 앞에 서면 유심히 사진들을 들여다보게 된다. 가족이 몇인지, 아이가 몇인지, 어르신들 연세는 어찌 되시는지 별의별 게 궁금해진다. 그러다 한 사람의 세월을 보여주듯 돌 사진부터 청소년, 성인이 되기까지 나열된 사진을 보면 그 사람의 인생을 알게 된 것처럼 친숙하게 느껴진다. 그렇게 세월이 담긴 해묵은 사진들은 묘한 힘을 가지고 있다. 요즘은 기술의 발달로 누구나 주머니 속, 사진기 하나씩은 가지고 다닌다. 어떤 순간, 어떤 상황에서도 그 찰나를 간직할 수 있게 되었다. 내 삶의 놓치고 싶지 않은 젊음도 영원히 담아둘 수 있을 것 같다. 인간은 누구나 '나라는 존재'를 남기고 싶어 한다. 인간의 본성일 것이다. 그 특성은 동네 산책을 하다 보면 금방 알 수 있다. 우리 때부터 변함없이 존재했던 스티커 사진기가 조금 더 진화된 모습으로 골목 한곳을 차지하고 있다. 그 주변은 늘 인산인해다. 특히 중고생들이 삼삼오오 모여 함박웃음을 터트리며 사진을 찍고, 들여다보며 나눠 갖는 모습을 보면 나이 어린 시절 한 장면이 떠오르며 미소가 지어진다. 그러다 문득 옛날 사진관이 그리워진다. 찍은 필름을 사진관에 맡기고는 어떤 사진이 나올지 빨리 보고 싶은 마음에 발을 동동 구르며 기다리던 시간, 잘 나온 사진도 있지만 포커스가 나가고 엉뚱한 구도가 잡히고 심지어 실수로 검정만 나와 있는 사진까지 모든 것들이 기다림의 시간이었고, 있는 그대로의 모습이었다. 요즘은 손쉽게 찍을 수 있고, 바로 확인할 수 있다. 솔직한 나의 모습보다는 좀 더 젊고 어리고 이뻐 보이기 위해 보정을 하고 손을 봐서 완벽하게 만들어낼 수 있다. 하지만 그런 사진에서는 시간의 흐름도 삶의 흔적도 진정한 나를 찾기 어렵다. 내가 살아온 세월만큼 나이테가 새겨지고 주름이 지고 살이 오르고 좀 서글픈 모습이 보일지 몰라도 힘들게 견뎌오며 살아온 나의 시간인 만큼, 지금 이 순간의 내 모습이 있는 그대로 남겨지길 바란다. 그런 나의 모습에 더 당당해질 수 있기를….

은행나무

은행잎 따라 걷다가 멈춘
그곳에 추억이 있다

2024년 4월 19일 금요일. 가로수길에 널려있는 은행나무들을 따라가 보면, 여러 은행이 모여있는 사거리가 있다. 추억을 더듬어가며 그 길을 걸어본다. 어릴 적엔 항상 친구들과 더위를 피하려고 은행에 들어가곤 했다. 지금 그 건너편에 내가 자주 가던 삼겹살집은 사라졌고, 종종 놀러가던 청소년문화센터는 남아있지만, 나는 더 이상 청소년이 아니다. 추억은 시들고 있지만, 곧 은행나무에 은행이 잔뜩 맺히기 시작할 계절이 오고 있다.

우리 동네는 아직 예전 모습이 꽤 남아있다. 오래도록 같은 자리에 그대로 건물이나 공간만 봐도, 추억과 함께 어릴 적부터 가져온 막연한 두려움들을 떠올리게 한다. 어떤 두려움은 극복하기 어려워 그대로 두기도 하고, 또는 두려움에 지지 않으려고 내가 할 수 있는 일을 찾기도 하고, 떠오르기만 해도 슬픈 두려움도 있다. 그런 수많은 두려움을 덮을 만큼, 추억이라는 이름의 은행잎이 가득할 여름의 시작에, 내가 태어난 날은 돌아온다. 지나가더라도, 또 다음 해에 돌아온다. 이 과정은 익숙해지지 않는다. 그래서 여전히 두렵지만, 참 다행이다. 그만큼 다가올 미래를 기쁘게 맞이할 수 있다. 이렇게 생각할 수 있어서 또한 기쁘다.

  지금을 살아오며 막연하게 깨달은 점이 있다. 막연함을 상상하는 만큼, 무언가를 막연하게 쫓아가곤 하는 내 모습을, 조금 기대하고 있다. 그렇게 달리다 보면 또 한 해가 간다. 하지만 아직 겪지 않은 두려움과 기쁨은 세상에 차고 넘친다. 병 주고 약 주며 사는 쳇바퀴 같은 삶이지만, 모르겠다. 막 달린다. 세상은 넓어 보이고 용기는 부족한 작은 사람은, 어떤 막연함에서 막연하게 벗어나 앞으로 나아가려는 습성으로부터 태어났고, 지금껏 내 삶은 364일의 막연한 발걸음과 1일의 태어난 날로 이루어져 있다.

은행

사라지고 잊히는 것

 사거리에 가득했던 은행들은 사라지고 그 자리에 카페와 아이스크림 가게가 들어섰다. 산책을 할 때마다 사라진 은행의 분위기와 은행원들이 떠올랐다. 25년 전, 이사를 간 동네는 은행이 유난히 많았다. 현대동이라고 불릴 만큼 현대 아파트가 10차까지 있었고 지금은 14차로 늘었다. 건설회사가 아파트 이름을 바꾼 것까지 합치면 진짜 현대동이 될 것이다. 대단지 아파트 동네라서 각종 은행과 증권회사는 빠짐없이 있었다. 결혼 이후 내 이름으로 된 첫 통장을 개설한 후 지금까지 한 곳의 은행만 이용하고 있다. 지점이 하나였던 그 은행은 새 아파트가 생기면서 지점이 총 3개가 되었다. 산책을 나섰다가도 새로운 예금상품이 있는지 무시로 드나들곤 했다. 내 담당자가 생기면서 소소한 안부 인사도 나눴다. 급기야 은행원의 고향과 나의 신혼생활을 했던 도시가 같다는 것을 알고 더 다정한 친분이 생겼다. 장을 보러 갔다가, 바람을 쐬다가도 들르는 은행 참새가 되었다. 어느 날, 그 은행원이 보이지 않았다. 건너편 지점으로 이동을 했다고 해서 조금 더 먼 길까지 산책을 하는 동네 사람이 되었다. 오랜만에 보는 것도 아닌데 손을 맞잡고 반가워했다. 그 뒤로 나의 동네 탐험은 영역을 넓혔고 내 은행 잔고도 은행원의 따스한 상담 덕분에 늘어나기 시작했다. 인터넷 뱅킹이 성행하면서 은행에서 보던 일을 PC로 하게 되어 은행으로 가던 발걸음이 자연스럽게 줄어들었다. 그래도 산책길에 들러 인사를 나누곤 했는데 어느 날부터 그분이 보이지 않았다. 아예 다른 동네로 인사이동이 되어 떠나셨다고 한다. 어찌나 서운한지 한동안 은행 앞을 지날 때마다 고개가 저절로 돌아갔다. 새로운 은행원과는 도통 예전만큼의 친분이 쌓이지 않았다. 그 이유 때문인지, 편한 온라인 세상 덕분인지 직접 은행을 찾아가서 일을 보지 않게 되었다. 동네를 걷다가 은행 자리에 다른 가게가 있으면 잠시 잠깐 걱정이 되곤 한다. 은행이 사라지는 만큼 일자리를 잃은 사람들도 생겼을 것이다. 편리해진 만큼 잃는 것이 있다. "국민은행 앞에서 만나요." 함께 산책을 하려고 약속을 정하면서 했던 말이 "스타벅스 앞에서 만나요."로 바뀌었다. 그곳에 은행이 있었다는 사실을 사람들은 기억이나 할까? 사라지는 것들 등 뒤에서 우리는 또 무엇을 잊으며 살고 있을까?

벤치

나만의 힐링 벤치

새로 이사한 아파트는 정원으로 연결되는 공동 현관이 2층에 있다. 차를 타고 이동하는 경우가 많아서 늘 1층 주차장으로만 나갔는데, 얼마 전 거실 창으로 들어오는 햇살이 너무 좋아서 이사 온 후 처음으로 2층으로 나가 보기로 했다. 엘리베이터를 타고 2층에서 내려 공동 현관을 나서는데 '우와' 하는 탄성이 절로 나올 만큼 내 마음에 쏙 드는 공간이 눈앞에 펼쳐져 있었다. 작지만 있을 것들은 다 있는 놀이터와 남녀노소 누구나 이용할 수 있는 운동기구들이 놓여 있는 공간, 그 주변으로 눈이 오나 비가 오나 쉬다 갈 수 있는 휴게공간까지! 이렇게 좋은 곳을 왜 여태 몰랐나 싶을 만큼 멋진 곳이었다. 게다가 무엇보다 맘에 들었던 건 그 안에서 신나게 뛰어노는 아이들이었다. 이제 막 걸음마를 배운 어린아이부터 초등학교 고학년으로 보이는 아이들까지 연령대도 다양한 아이들이 참 많기도 했다. 아이가 하나뿐인 데다 그마저 성인이 되어버린 나는 그저 뛰어노는 아이들을 바라보는 것만으로도 힐링이라 벤치 한 귀퉁이에 엉덩이를 붙이고 앉아 아이들 삼매경에 빠져들었다. 아장아장 걷는 아가들과 하늘까지 닿을 듯 그네를 타는 아이들, 룰도 없이 공을 치는 아이들과 화려하게 인리인스케이드를 타는 아이들을 멍하니 바라보고 있자니, 이렇게 뛰어노는 아이들이 있어 주는 것만으로도 가슴이 벅차올랐다. 나이 든다는 게 이런 걸까? 문득 어릴 적 동네 할머니들이 내게 보내주시던 따뜻한 눈빛과 미소가 떠오르며 뭘 해도 그저 예뻐해 주시던 그 마음이 어떤 마음인지 이제야 조금 알 것 같았다.

CCTV

누군가 사랑을 묻는다면

 'CCTV 촬영 중'이란 표시를 본 적이 있다. 홀로 길을 걸으며 주위를 둘러보면 아름다운 나무, 꽃, 하늘 그 사이로 차가운 기계 하나가 보이는데, 누군가에겐 미(美)를 해치는 것이 될 수도 있고, 누군가에겐 저렇게 많은 CCTV가 나를 찍고 있다며 무서움의 대상이 되기도 한다. 그런데 나에게 CCTV는 조금 다른 의미로 해석된다. 고등학생이던 시절, 반지하에 살 때 하루는 아침 등굣길에 검은 차가 다가와 앞에 섰던 적이 있었다. 조수석 창문이 내려가고, 한 아저씨가 "학교 가니? 태워줄게"라며 말을 걸어왔다. 어렸을 적부터 부모님은 낯선 사람은 절대 따라가지 말라 귀에 딱지가 앉도록 말했고, 나는 그 말을 잘 지키는 딸이었다. 그러나 이상하게 이후로 한 번 더 비슷한 일이 있었고, 부모님과 대화를 많이 나누던 나는 그 이야기를 솔직하게 털어놓았다. 그렇게 이 일은 소소한 해프닝으로 끝날 거라 생각했다. 그러던 어느 날, 대문을 나서면 주변을 훑어보는 습관으로 가로등에 'CCTV 촬영 중'이란 팻말이 생겼다는 걸 발견할 수 있었다. 학교 갔다 와서 엄마한테 CCTV가 생겼다고 얘기하니, 엄마는 이렇게 말했다. "아빠가 얘기 듣고, 며칠을 사람들 달달 볶아가며 CCTV 설치해 달라고 난리를 쳤었어. 결국 설치 했나 보네. 아빠가 엄청 걱정했거든." 말만 들었는데 왠지 모르게 눈에 눈물이 핑- 돌았다. 다 컸다고 떵떵거렸지만, 결국 모든 부모에게 자식은 몇 살이 되어도 어린아이처럼 보인다는 말이 맞는 걸까? CCTV 하나 달아야 한다며 이 사람 저 사람 괴롭혔을 아빠의 심정을 생각하니 괜히 말했나 싶다가도 어렸을 적부터 '딸바보'로 유명한 아빠의 딸을 향한 사랑에 뭉클한 감정이 모락모락 피어올랐다. 물론 모든 CCTV가 그런 건 아니겠지만, 어떤 CCTV는 딸을 향한 아버지의 사랑, 누군가를 향한 따뜻한 관심 때문에 생겨난 것이라고 어린 나이였지만 이해할 수 있었다. 누군가 나에게 사랑을 묻는다면, 나는 항상 이때 일을 생각하곤 한다. 내가 사랑하는 사람이 다치지 않았으면, 안 좋은 일이 생기지 않았으면 걱정하는 마음. 차가운 기계지만, 존재하는 이유는 사랑만큼 뜨거운 존재이지 않을까 싶다.

파라솔

당신이 생각하는 편의점 벤치 위의 그것

내가 어렸을 때는 파라솔이 있는 곳이라고는 바닷가밖에 알지 못했다. 성인이 되고 나서 공원 가게에 파라솔이 생기기 시작했다. 참 이색적이라고 생각했다. 좀 지나고 나서는 공원 가게들이 편의점으로 바뀌면서 도시에서 파라솔이 활성화되고 있었다. 그러다 동네에 큰 편의점이 생겼다. 오픈 초반에는 밖에 벤치도 없었지만, 벤치가 생기기 시작하고 얼마 지나지 않아 그것만으로 부족했는지 파라솔이 생기기 시작했다.

처음에는 생소했다. 공원이나 유원지도 아닌데 파라솔이 있는 탁자와 의자라서 어색해 보였다. 그러나 날씨에 덜 구애받고 햇빛을 가려주는 점이 매우 편해 보였고, 사람들도 그렇다고 생각했는지 사람들이 그곳에 나와 있는 풍경을 자주 보게 되었다. 나와 내 가족은 집이 가까워서 자주 사용하지는 않았지만 가끔은 편의점에서 물건을 사고 앉아서 무언가를 먹으며 동네 도로의 차가 다니는 풍경을 보곤 했다. 오다가다 보면 어르신들이 어떤 음식을 사드시거나 혹은 사드시지 않고 길 가다가 힘드셔서 쉬려고 사용하는 것도 볼 수 있었다. 여름밤에는 동네 사랑방같이 여러 사람이 먹고 얘기하다 가곤 했다. 가끔씩 술을 마시고 그곳에 앉아 큰소리를 내는 사람과 주변에 쓰레기를 놓고 지나가는 사람들 제외하고는 제 용도로 사용하고 있구나 싶었고, 동네의 휴식처가 되고 있구나 싶어서 괜찮은 것 같았다.

지금은 이렇게 편하지만 내가 어렸을 때 슈퍼 앞에서도 파라솔과 의자, 탁자가 있었으면 여러 일로 시끄러워도 동네 쉼터가 되었을 텐데 생각하게 된다. 그때는 가게에 사람들이 더 많았지만 편의시설이 없어서 동네 사람들끼리 만나도 일어서서 얘기하는 게 흔한 풍경이었다. 그때 파라솔이 있었으면 오다가다 사 먹으며 얘기하며 동네 사람들끼리 앉아 도란도란 얘기도 하고 좋았을 것 같다.

의자

오래 걸어 힘들면 가로수길에서
의자를 찾는다

 사람은 누구나 살면서 고되고 힘들 때가 있다. 그럴 때 나라면 주저하지 않고 의자부터 찾을 거다. 일단 앉아서 이 무거운 등이라도 어딘가에 기대고 있으면, 짊어지고 있던 무게가 한 절반쯤은 비워지는 듯해서. 그런데 심지어, 들고 다니는 가방조차 무겁다면… 평소에 짊고 사는 삶의 무게와 시선, 태도가 얼마나 중압감 넘치고 어둡게 비춰질까. 가방은 무거워서 어깨에는 항상 긴장감이 가득하고, 뭐 하나라도 바닥에 떨어뜨릴까 봐 시선은 내 두 발이 즈려밟고 있는 지평선에 수렴하며, 긴장하며 지내는 만큼 내 낯빛은 온기라고는 찾아보기 힘들 정도로 창백하다. 그렇게 매번 나를 나도 모르게 계속 구석으로 몰아가며 살아가고 있는 건 아닐까, 뉘우치곤 한다.

나는 면허가 없다. 그래서 일단 첫 번째로 운전대를 잡을 일이 없다. 급기야 뒷좌석에 타는 경우엔 멀미가 쉽게 나다 보니, 얼떨결에 자동차 조수석에 앉는 것을 선호하고 있다. 이와 비슷한 이유로 버스 가장 앞좌석 오른쪽 창가 자리를 좋아한다. 그 의자에 앉으면 언제나 듣고 있는 음악들이 더 다채롭게 느껴지고, 자연스레 기분도 썩 좋다. 이런 기억들을 나중에 다시 돌이켜 보면, 기분이 좋아지거나 컨디션이 나빠지지 않는 건 결국 마음가짐이 원인이란 걸 알 수 있다. 뒷좌석에서는 몇 번 운 적 있는데, 어떤 마음이었을지는⋯ 그때의 나만 안다. 나에게 물어볼 수밖에 없다.

 어느 날은 좋아하는 가수 공연을 보고, 저녁까지 든든하게 먹은 후 집에 가는 길에 버스를 타기로 마음먹었다. 버스가 와서 탔는데, 얼른 앉고 싶었던 앞자리엔 이미 사람들이 바글바글했다. 아쉬운 마음에 뒷좌석 의자를 유심히 바라보지만 그마저도 빈자리는 없었다. 내심 'Melancholy!'를 외치며, 낙담했다. 그날따라 괜히.

2024년 4월 7일 일요일. 주말을 열심히 달리다가 지쳐, 오랜만에 안양천 주변을 걸었다. 처음에는 그저 벚꽃이 활짝 핀 길을 보다가, 주변에 앉아서 쉴 곳이 있을까 하며 걷기 시작했는데… 쉬지 않고 두어 시간, 어느새 염창역에서 오목교역 근교를 쭉 걸어왔다. 이미 해는 다 저물었다. 문득 멈춰 선 곳에서, 앉아 있는 이 없이 휴식 중인 의자를 보고는 두서없이 찾아갔다. 보부상 냥 들고 다니는 무거운 가방을 내려놓고, 가볍게 앉았다. 음악을 틀었다. 몸이 무거워졌다. 나는 글을 쓰기 시작했다. 텅 비어있는 의자 옆자리를 바라보며.

입간판

CONKE 같은 그녀

 필라테스를 가려고 옷을 주섬주섬 챙겨입고 한 시간 일찍 나와 주변을 걸었다. 뭔가 노래를 들으면서 선선한 바람 속에 사람도 구경하고 나무도 구경하고 싶었다. 적당히 흥 나는 인디노래를 들으며 나무도 보고 땅바닥도 보며 무드에 젖어 있던 내게 우연히 한 입간판이 내 눈에 들어왔다. 여기에 이런 가게가 있었던가? 휘황찬란한 네온사인, 다양한 글자 크기와 효과가 들어있는 헬스 광고 등의 입간판과 달리 한 무릎 정도의 높이로 우직하게 서서 'COFFEE —>'라고 말하고 있었다. 고개를 올려다보니 'CONKE'라는 커피숍이 있었다. 구경이나 할까 싶어 건물 입구로 들어갔더니 계단 앞 벽면에 방탈출 게임의 힌트처럼 'COFFEE —>'라고 써진 종이가 붙어있었다. 계속되는 단어에 홀려 올라갔다. 종이의 연속이 끝난 그곳에는 올라오면서 본 종이와 똑같은 새하얀 벽면에 따뜻한 조명을 사용한 넓은 카페가 있었다. 물론 달달한 휘낭시에 냄새도 흘러나오고 있었지만 아메리카노만 시키고 앉았다.

내 이름 '백송희'라는 간판 외에 주변 사람들의 마음을 끌게 만든 입간판에는 어떤 게 적혔는지 물을 적이 많다. 어쩌다 나와 친해졌는지, 나의 어떤 게 좋았는지, 나는 당신에게 어떤 사람인지. 애인에게 건네는 '자기는 나의 어떤 부분이 좋았어?'처럼 유치하지만 관계에서 가장 중요하고 위험한 물음이다. 정체성이 정확히 확립되지 않았던 그때는 그들의 대답에 나를 욱여넣곤 했다. 어른에게 예의가 발라 싹싹해서 좋다는 말에 무례한 농담에도 쓴웃음을 지었고 공감을 잘 해줘서 좋다는 말에 내 의견을 내세우기보다 맞장구만 치기 바빴다. 어느덧 그들이 원하는 대로만 보여주는 나는 너무도 뻔하고 시시해진 사람이 되어 있었다. 마치 당시 나의 입간판은 그들이 원하는 옵션이 구구절절 적혀있고 부정적인 한마디에 바로 수정을 하는 방식이었을 것이다. 내 친구 중에 모두에게 호감을 쉽게 얻고 이야기를 나누다 보면 더 친해지고 싶어지는 매력을 가진 성아라는 친구가 있다. 'CONKE' 같은 그녀. 서양적이면서도 동양적인 매력적인 마스크에 호기심을 느껴 이야기를 하다 보면 의외로 털털하고 솔직하면서도 유쾌한 매력을 가졌다. 아마 '입구는 열려있지만 출구는 없다'의 의인화 아닐까. 그런 매력이 좋아서 벤치마킹하듯 따라 해 보려고 했지만 실패했다. 아니 처음부터 불가능이었다. 그녀는 상대의 시선과 반응을 신경 쓰지 않고 본인의 길에 확신이 있었는데, 난 그녀의 길이 어딘지 어디로 향하는지 알 수가 없었으니까. 그녀의 그림자를 따라가다 결국 제자리로 돌아와 뒤를 보니 나에게 그녀의 그림자가 하나 따라와 있었다. 그 그림자는 바로 '그럼 뭐 어때, 그럴 수도 있지' 마인드로 나 자신을 사는 것. 사람들의 취향과 니즈에 나를 맞추기보다는 나의 방식에 따라오게 하는 것. 입간판에 적힌 한 단어에 이끌려 방문하게 된 카페의 단골이 된 나처럼, 나도 '나'로 살다 보면 우연한 순간에 생각지 못한 매력을 발견하고 찾아와 내 곁을 머물러 주겠지.

현수막

아름다운 소음들이 넘쳐나기를

 동네 산책을 하는데 신기한 벽보가 눈에 띄었다. 아무런 설명도 아무런 이미지도 없이 그저 '선영아 사랑해'라는 글자만 있었다. "이게 뭐지?" 호기심이 밀려왔다. 그 벽보는 길을 따라 길게 붙여져 있었고 그 길을 따라가는 내내 선영이라는 여자가 궁금해졌다. "얼마나 좋을까?, 얼마나 이쁜 사랑을 하고 있을까?" 부러움과 질투 섞인 복잡한 심정도 있었지만, 입가에는 미소가 지어졌다. 나중에 알고 보니 그 문구는 어느 회사 광고 문구였다. 지금이야 흔할 수 있지만 20여 년 전, 아주 참신한 기획이었다. 그러다 요즘 산책을 하다 만나는 현수막들을 보면 마음이 어지러워진다. 나를 봐달라 아우성치는 선거 홍보며, 허위광고로 도배된 가게 광고, 반대 의견을 피력

하는 선정적 문구까지 사방에서 쏟아지는 현수막들에 그 길을 지나는 것만으로도 눈과 귀, 마음까지 시끄러워진다. 그럴 때면 옛날 '선영아 사랑해'라는 문구를 떠올리며 마음속으로 글자들을 바꿔본다. 사랑해, 보고 싶어, 기다릴게, 건강해, 고마워 등등 세상에 수없이 많은 예쁜 말들을 읊조려본다. 모두의 생각이 다르고 상황이 다르고, 하고 싶은 말들이 넘쳐나는 세상이다. 그래도 모두가 어울려 살아가야 하는 세상이라면 조금만 달라졌으면 좋겠다. 시끄럽게 각자의 말만 떠드는 소음(騷音)이 아닌 아름답고 이쁜 말, 웃음소리로 가득한 소음(笑音)이기를 바라본다.

참새

쟤도 자기 엄마에겐 소중한 존재겠지?

 첫 직장 동기 중 일찍 결혼한 언니를 만나기로 했다. 언니는 만삭의 몸이라 거동이 힘들 것 같아 내가 언니의 동네로 가서 만났다. 언니와 함께 동네를 산책하는데 작은 참새를 보고 언니가 "아이를 가지니까 시각이 달라졌어. 저런 참새를 보면 '쟤도 자기 엄마에게는 소중한 존재겠지' 하는 생각이 든다니까."라고 말하는 것이 아닌가. 당시 나는 20대 중반으로, 아이에게는 관심도 없을 때여서 언니의 발언을 듣고 '참새를 보고 저런 생각도 하는구나'라고만 생각했고 공감은 되지 않았다.

 이제는 나도 아이를 키우는 입장이 되고 보니 언니의 말이 무슨 뜻인지 알게 되었다. 내 아이가 너무나 사랑스럽고 소중하다. 그렇기 때문에 길에 지나가는 아이를 봐도 예사로 보이지 않고 눈길이 가고, '내 아이가 나에게 소중한 것처럼 저 아이도 자기 부모에게는 소중한 존재겠지'라는 생각이 들면서 관용의 폭이 조금 넓어졌다. 마음에 들지 않는 사람을 마주쳤을 때 예전 같으면 속으로 '왜 저래'라고만 생각했을 것도 지금은 '저 사람도 자기 부모에게는 소중한 존재겠지'라는 생각이 들기도 한다. 아, 물론 항상 이렇게 대인배가 된 것은 아니지만 가끔은 그렇다는 뜻이다.

상황이 바뀌니 새로운 시각을 갖게 된다. 앞으로 내 인생에 어떠한 새로운 시각들이 추가될지 기대된다.

가족

사이좋은 남매가 된다는 것

 아직 옛 흔적이 가득한 동네를 걷다 보면 지금은 보기 힘든 자판기를 마주치게 된다. 그럴 때마다 '이거 어렸을 때 친오빠랑 자주 뽑아 마셨는데' 하고 생각한다. 자판기에서 뽑아 마시는 커피, 율무차의 맛을 처음 알려준 건 친오빠였다. 남매라면 사이가 좋지 않을 거라 하지만, 그래도 우리는 사이가 좋은 남매라고 말할 수 있다. 나는 욕심이 많았고, 오빠는 어렸을 때부터 양보를 잘했다. 물론 어렸을 땐 오빠도 참다 참다 폭발할 때가 있었고, 나 역시도 그에 맞설 때가 있었다. 점차 서로 나이를 먹고 얼굴 보기 어려워지니 자연스럽게 사이는 좋아지기 시작했다. 어렸을 땐 가끔 친구보다 오빠가 더 편할 때가 있었다. 나이 차이가 2살밖에 나지 않기에 부모님은 우리를 같은 학교, 학원에 보냈다. 오빠는 성격이 좋아 친구들이 많은 반면에 나는 같은 학교 친구들이 없어 겉돌 때가 있었다. 맞벌이를 하시던 부모님을 대신해 오빠는 나의 보호자였다. 우리의 사이가 완벽하게 좋아진 건 오빠가 군대를 갔다 오고 난 후다. 그때부터 서로 술잔을 기울이며 각자의 생각을 조곤조곤 얘기하며 대화라는 걸 했다. 부모님은 그런 우리를 보며 어느 날은 흐뭇해하고, 어느 날은 제발 그만 얘기하고 자라며 질려했다. 주머니에 200원, 300원 있던 때부터 서로 자판기에서 율무차, 믹스커피를 뽑아주던 습관 때문일까? 성인이 되고 지금도 가끔 같이 길을 걷거나, 밖에서 만나면 암묵적으로 우리는 서로에게 커피를 한 잔씩 사준다. 어떤 날은 날이 더워서 내가 사주고, 어떤 날은 같이 운동하러 나온 동생이 기특하다며 오빠가 사준다. 유독 사람들 사이에 치이는 날이거나, 너무 힘든 날 얘기를 털어놓으려고 연락처를 뒤적이지만 연락할 곳이 없을 때 어쩔 수 없이 눈에 들어오는 건 가족이다. 그렇다고 자주 연락하는 사이는 아니지만, 인간관계가 좁아지는 만큼, 친오빠와의 관계는 깊어진다는 게 느껴진다. 한겨울보다 차가운 현실 세상을 살다가 지치고 힘들 때 의지할 수 있다는 가족이 있다는 것. 부모님이 주신 가장 큰 선물이 아닐까 싶다.

유치원

크리스마스 나무

바람을 쐬려고 한강 변에 가면 만나는 나무가 있다. '크리스마스 나무'라고 이름 붙인 플라타너스가 바로 그 나무다. 겨울이 되면 잎을 다 떨어뜨리고 열매를 매달고 있는 모습이 크리스마스트리를 닮아서이다. 자연의 정령을 믿는 나는 가끔 나무에 소원을 빌기도 한다. 파란 하늘을 배경으로 서 있는 크리스마스 나무에 가까이 서면 저절로 지나간 시간이 떠오른다.

대학교 교정에는 두 아름이 훨씬 넘는 플라타너스들이 가로수로 즐비하게 서 있었다. 가을이면 마른 잎을 밟으며 우수에 찬 여인의 흉내를 내곤 했다. 플라타너스 잎을 태우는 냄새가 좋아서 이른 아침 교정을 걷기도 했다. 그 플라타너스 나무들을 작은아들 덕분에 다시 만날 기회가 있었다. 분리불안이 심했던 작은아들을 어린이대공원 안에 있는 어린이회관 유치원에 보냈다. 식물원과 동물원을 무시로 다닐 수 있는 곳이라서 마음에 들었다. 하지만 셔틀버스를 탈 때마다 아들은 울었다. 버스 등원을 끝내 못하는 날이면 아들과 손을 잡고 유치원까지 걸어서 갔다. 가는 길에 만난 가로수길에는 반가운 플라타너스 나무가 줄지어 있었다. 커다란 잎들이 거리를 뒹굴면 아들과 잎을 밟으며 소리 만들기 놀이도 했었다. 유치원으로 무사히 등원시켜 놓고 나는 어린이대공원을 산책하곤 했다. 벚꽃나무 길을 따라 한 바퀴 돌아 팔각정에 이르면 마치 낮은 산을 등산한 듯 숨이 찼다. 언덕을 돌아 내려와 구의문이 나오면 아름드리 플라타너스 가로수길을 또 만날 수 있다. 아들이 목메어 울더라도 자연과 가까이 있던 유치원으로 보내길 잘했다는 생각이 들곤 했다. 하루에 한 번 어린이대공원을 산책하는 수업만큼은 즐거워했던 아들이다. 아들의 주머니에는 열매와 나뭇잎이 있었다.

강변 산책을 마치고 돌아오는 길에는 2개의 유치원이 있다. 도로변에 위치하여 대문은 항상 닫힌 상태이고 작은 마당에는 나무가 두어 그루밖에 없다. 어른들이 자연 속으로 산책을 다니는 동안 자동차가 오가는 곳에 위치한 유치원의 아이들은 아스콘 길을 걷고 우레탄 놀이터에서 놀며 자란다. 마음 편히 뛰고 걷고 놀 수 있는 자연 공간이 많아지면 좋겠다. 다음번 산책에는 크리스마스 나무에 소원을 빌어야겠다. 아이들이 행복하게 자라는 곳이 많아지면 좋겠다고.

갈대

본가 앞 배움의 천

 부산 본가 집 앞에는 온천천으로부터 흘러오는 천이 하나 있다. 사람들이 적게 다니고 옆에 굴다리가 있어서 새도 찾아오고 수달도 찾아오고 뉴트리아 비슷한 큰 쥐도 있다. 가끔은 일부러 다리 건너에 내려 천 주변의 조그마한 자연을 찬찬히 훑어보곤 한다. 이상하게 나는 MBTI가 S임에도 자연 앞에서는 무궁한 호기심이 생기고 괜스레 의미를 부여해 보기도 한다. 쟤는 어떻게 저기서 싹이 났을까, 쟤는 몇 살일까, 저 친구는 어디서부터 여기까지 왔을까 하는 생각을 하다 보면 '나도 쟤처럼 열심히 살자!'처럼 이상한 깨달음을 하나 물고 집에 걸어간다.

 그날도 술기운이 가득 찬 버스를 타고 집 건너

편에 내려 다리 위로 비틀비틀 걸었다. 다리를 질질 끌어 다리 난간에 몸을 기댔다. 고등학교 친구 하나와 거하게 싸우고 무리가 파투가 나서 무척 생각이 많을 시기였다. 내가 처음 겪은 인간관계의 이별 같은 거였다. 어릴 때 이사, 이민, 입학 등의 이유와 달리 누군가와 절단내듯 갑자기 정리가 된 경우는 낯설었다. 서로의 입장 차이가 컸고 그만큼 서운함이 많이 쌓였던 터라 나 또한 손을 내밀 생각이 없었다. 그렇기에 우리 사이는 뻔한 결말을 향해 가고 있었다. 난간 아래 지나가는 냇가를 보며 한숨인지 가쁜 숨인지 모를 소리를 내다가 어쩌다 바람 사이 정적인 나무와 동적인 물의 흐름 사이에 장단을 맞추고 있는 갈대가 눈 안에 들어왔다. 내 머리도 같이 좌우로 흔들리고 있었다. 살랑살랑 꼬리를 흔들더니 거센 바람에 따라 한참을 좌, 우로 흔들어 재꼈다. 저러다 꺾이는 게 아닐까 싶을 정도로 춤을 추더니 또 제자리로 돌아왔다. 한참을 보다 보니 내가 갈대로 빙의가 됐던 걸까. 인간관계에는 산들바람처럼 얇게 마주치는 관계도 있고 거세게 불다 떠나가는 관계도 있다. 그런 관계들로 내 마음이 거세게 요동치다 보면 진정으로 떠나보낼 힘이 생기겠지. 시간이 지나면 또 다른 바람이 찾아와 날 간질이기도 하고 리듬을 즐길 것이고. 10대에서 20대로, 대학교에서 직장생활로, 20대에서 30대로 넘어가면 환경과 관심사가 바뀌다 보니 여러 종류의 다양한 바람이 불게 될 거다. 그럴수록 애써 부정하지 않고 유연하게 따라 흐르다 보면 어떠한 바람에도 꺾이지 않는 부드럽지만 단단한 어른이 되지 않을까.

안개

함께 사는 삶

거실 창밖의 풍경을 감춘 짙은 안개는 우리 집 안을 물끄러미 들여다보고 있다. 창문을 열기라도 하면 파도가 밀려오듯이 온몸을 다해 밀고 들어올 기세이다. 잠시 창밖을 보면서 산책해야 하는지 고민했다. 오래전 신랑과 데이트하던 시절이다. 조금 여유로운 일을 하던 나는 신랑 퇴근 시간에 맞춰 서울로 올라갔다. 데이트 후 집으로 내려오는 길, 안개가 깔리기 시작했고, 점점 짙어지더니 모든 것을 감추어 아무것도 보이지 않았다. 아주 가까운 거리의 자동차 비상등만 겨우 보이는 정도였다. 고속도로이지만 모든 차는 엉금엉금 기어갔다. 잔뜩 긴장한 나는 온몸에 힘이 들어가서 핸들을 잡은 손은 땀으로 가득했다. 앞 차의 비상등만 보고 따라가다 주변의 안개가 조금 열어졌을 때 주위를 살펴보니 내가 나가야 할 톨게이트를 지난 것을 알았다. 순간 당황스러웠고 다시 밤안개 속으로 들어가야 하는 것이 두려웠다. 하지만 그곳에서 멈출 수도 없기에 다시 집으로 방향을 돌려 서서히 안개 속으로 들어갔다. 밤이라 차가 거의 없는 거리가 좋기도 했지만, 길잡이가 되어주는 차가 없기에 더 불안하기도 했다. 비상등을 켜고 천천히 그리고 보이지는 않지만, 가끔 주변을 둘러보면서 어디쯤 왔는지 확인하며 돌아왔던 적이 있다. 고민을 접어 두고 안개를 몸으로 만나기 위해 집을 나섰다. 비록 앞은 보이지 않지만 운전할 때와는 달라 걷기는 어렵지 않았다. 큰길에 들어서는 순간 빵빵거리는 소리가 들렸다. 사거리에 자동차들이 서로 뒤엉켜있었다. 신호등도 보이지 않기에 아마 앞차만 따라가다 꼬리물기 형태로 차들이 얽혀 있는 것 같다. 운전할 때 만나는 안개는 어떤 것인지 알기에 이해가 되었다. 그러나 안개 속에서도 잠시 고개를 들어 앞을 보아야 하는 순간이 필요하다. 바로 앞만 집중하다 보면 나의 갈 길을 잃어버릴 수 있다. 내가 제대로 가고 있는지 확인할 순간이 필요한 것이다. 아파트 주변을 한 바퀴 돌고 다시 사거리 근처를 왔을 때 안개는 여전하지만, 아까처럼 차들이 얽혀 있지 않았다. 다행히 서로 조금 양보해 길을 만들어 준 것 같다. 혼자서는 헤쳐 나갈 수 없는 것이 우리의 삶인 것처럼 서로에게 힘이 되어주기도 하지만 때로는 내가 양보해야 하는 순간도 필요하지 않을까?

횡단보도
엄마 손을 꼭 잡고 시간을 건너다

볼일을 보고 날씨가 좋아 양재천을 걷다가 집으로 돌아가는 횡단보도에 섰다. 그곳에 약국 할아버지가 서 계셨다.

"어? 안녕하세요, 오늘은 좀 멀리까지 나오셨네요?" 나는 꾸벅 반갑게 인사를 한다. 할아버지도 웃으시며 눈인사를 하신다. 할아버지는 동네 약국의 약사 할머니의 남편분이시다. 반포에서 지하철을 타고 느리게 출근하시는 두 분의 모습을 종종 뵙는데 항상 두 손을 꼭 붙잡고 다니신다. 다정한 그 모습이 참 정겹고 사랑스러워서 두 분을 뵐 때면 나 혼자 친한 척 호들갑스럽게 인사를 건넨다. 신호등이 켜지고 8차선 횡단보도를 함께 건너는데 할아버지의 느린 걸음에 신호등이 성질 급하게 깜빡이며 신경질을 부린다. 내 맘은 바빠지지만 할아버지의 속도에 맞춰 함께 걷는다. 이윽고 인도로 올라서서는 나 혼자 안도의 한숨을 쉬는 사이 덤덤하게 약국으로 돌아가시는 할아버지의 굽은 등을 보면서 이제 누가 봐도 할머니 할아버지인 나의 엄마 아빠가 생각난다.

며칠 전 바람에 떨어진 모자를 줍다가 중심을 잃고 넘어져 이마에 커다란 혹과 함께 시뻘겋게 피멍이 들었던 우리 엄마. 걷다 보면 한두 번은 꼭 건너게 되는 횡단보도에서 신호등의 재촉 때문에 넘어지실까 봐 걱정이 된다.

어릴 적 내 손을 잡고 횡단보도를 건너던 엄마의 존재는 천하무적이었다. 젊고 건강한 엄마의 손을 붙잡고 폴짝폴짝 신나게 횡단보도를 건너던 그 평범했던 유년의 시간이 문득 그리워진다.

세상의 모든 부모님이 건강하시길 기도한다.

자판기

과거와 오늘의 추억을 담은 차 한 잔

창문 너머로 봄 향기가 느껴지던 어느 날, 가벼운 옷차림으로 산책길에 나섰다. 얼마를 걸었던가 어느 순간 갑자기 쌀쌀해진 바람에 따뜻한 음료 한 잔이 절실해졌다. 마실 거리를 찾아 주변을 둘러보니 길가에 우두커니 서 있는 자판기 한 대가 눈에 들어온다. '이런 곳에 자판기가 있었나'라고 생각하며 가까이 가보니 자판기는 이미 사용한 지 오래된 듯 빛이 바래있고 먼지가 듬뿍 쌓여 그 기능을 잃어버린 듯했다. 약간의 아쉬움을 삼키며 급하게 가까운 카페로 들어가 따뜻한 커피 한 잔을 시키고 창밖을 물끄러미 바라보니 언뜻 보아도 카페 몇 곳이 더 눈에 띈다. 언제부터인가 길가에는 카페가 즐비해졌다. 그리고 그 수와 반비례하여 자판기는 점점 더 눈에 보이지 않게 되었다. 카페든 편의점이든 언제든지 마실 수 있는 다양한 음료들이 있지만 그럼에도 불구하고 한 번씩 자판기에서 꺼내 마시는 커피나 차가 마시고 싶을 때가 있다. 그래서 길가에 자판기를 찾아보지만 여간 찾기가 쉽지가 않다. 그리고 그나마도 작동을 안 하기도 한다. 예전에 여기저기 많았던 자판기는 다 어디로 사라졌을까.

 굳이 특별할 것 없는 자판기 음료를 마시고 싶은 이유는 아마도 추억의 맛을 기억하기 때문이다. 어린 시절 엄마 손을 잡고 외출했다가 돌아올 때면 엄마는 자판기 앞에서 주섬주섬 동전을 꺼내 율무차를 한잔 사주고는 하셨다. 따뜻하고 달콤 고소한 그 율무차가 먹고 싶어 엄마 뒤를 졸졸 따라다녔던 것 같다. 나이가 들어 그 시절이 생각나 자판기 율무차를 눌러봤지만 그 맛이 나지 않는 것이 서운했다. 엄마가 손에 쥐여주었던 작은 종이컵의 온기가 그립다.

 내가 자판기 율무차를 추억으로 기억하듯 요즘 아이들은 카페에서 마신 음료를 추억의 맛으로 기억하지 않을까. 그렇게 생각하면 추억은 만들기 나름, 따스함에 이끌려 나왔다가 갑자기 불어온 추운 바람을 피해 마시는 오늘의 이 따뜻한 커피 한 잔 또한 언젠가는 추억의 맛이 되겠구나 싶어진다. 그렇게 새삼 오늘 이 순간의 소중함을 느끼며 커피를 온전히 마시고 자리를 일어나 다시 걸었다.

사람

다시 한걸음

 모두가 그런 날이 있을 것이다. 의욕이 없고, 우울하고 힘든 날. 무작정 신발 끈을 동여매고 집을 나섰다. 동네를 걸어 다니다가 멈춰서서, 가만히 지나다니는 사람들을 바라보았다. 사람들의 표정과 발걸음을 보며 각자의 삶의 여정이 얼마나 다양한지 느낄 수 있었다. 자신만의 목표와 꿈을 향해 노력하고 나아가는 사람들을 보며, 순간 나의 모습은 다른 이들에게 어떻게 비쳐질지 궁금했다. 의욕 없는 눈빛, 축 처진 어깨, 터덜터덜 죽으러 가는 듯한 발걸음…. 건물 유리를 통해 비쳐진 내 모습을 보는 순간, 생각이 많아졌다. 다른 이들은 그들만의 꿈을 위해 노력하고, 수많은 어려움을 쉽게 이겨내고 있는 것 같은데, 나는 어디로 향해야 할지, 무엇을 원하는지조차 잊어버렸다.

'나는 왜 이렇게 되었을까?' 내 마음에 깊이 파고든 그 질문에 대한 답을 영영 찾지 못할 것 같았다. 어딘가에서 멈춰 서 있기는 했지만, 답을 찾지 못한 내 마음에는 허전함이 가득이었다. 매일 똑같은 출근길, 똑같은 업무, 똑같은 일상에 지쳐만 갔다. 다른 사람들의 희망찬 모습을 보며, 자꾸만 그들과 나를 비교하였다. 내 안에 답답한 감정이 가라앉아 계속해서 우울의 수렁을 만들고 있었다.

그런데 그 모든 것이 잘못된 나만의 생각이었다는 것을 깨달았다. 내가 보고 있는 그 사람들도 모두 나 같은 시련의 과정을 경험했다는 것을 뒤늦게 알게 되었다. 내가 이미 이룬 것들, 어려움을 이겨낸 것들, 그리고 내가 지금까지 겪은 모든 경험들을 떠올리며, 나를 비난하고 자책하는 목소리에 질려있던 나 자신을 깨우쳤다. 많은 사람들 속에서 나는 더 이상 축 처진 모습이 아니라, 내 안의 힘과 의지를 믿고 다시 활력을 불어넣기 시작했다. 한 발, 한 발, 걸음이 달라졌다.

나무

위로

 숨을 쉴 때, 누구나 당연한 무언가를 깊이 생각하진 않는다. 공기나 산소가 필요하다는 것을 알고는 있지만 그것을 인지하고 살지는 않는 것처럼. 그래서인지 집을 나서는 순간 바로 보이는 너에게 좀처럼 눈이 가진 않았다. 때로 시원한 바람이 불고, 뭉글뭉글 기분까지 상쾌해지는 그런 날에도, 한 번쯤 너를 쳐다볼 만도 한데. 이상하게도 네가 눈에 들어온 적은 없었다. 익숙하게 펼쳐져 있는 너란 아이는 그저 때가 되면 꽃도 피고, 그 색을 달리하며 다양하게 모습을 드러냈다. 그럼에도 불구하고 풍성한 잎들이 비처럼 날릴 때도, 한겨울 앙상한 나뭇가지 아름다운 눈꽃을 날릴 때도 나는 너를 보지 못했다. 그저 너는 내게 계절이 지나가는 어느 한 자락일 뿐, 아무것도 아니었다. 나뭇가지는 나무, 눈꽃은 눈꽃, 한눈에 담아지지 않을 만큼 하찮다면 하찮은 너였다. 1년 전 한적한 시골 마을에서 몇백 년 된, 나를 기다린 너를 만나기 전까지는 말이다. 나는 늘 아무 생각 없이 걸었고, 아무 생각 없이 뛰었다. 그저 그렇고 그런 날들에 연속이었다. 그런데 그날, 내 앞에 서 있는 너를 보고 넋을 잃고 말았다. 더운 여름, 시간의 흐름도 인지하지 못한 채 날은 그렇게 저물었다. 너의 자태는 숨 막힐 듯 웅장했다. 몇백 년을 그곳에 서 있었을 너에게 압도당하면서 나는 더 이상 내가 어디에 서 있는 건지, 이곳은 어디인지 잊을 뻔했다. 시간이 멈춘 것 같기도, 순식간에 흐른 것 같기도 한 야릇한 기분에 사로잡혀 그저 멍했다. 오래된 나무를 만나게 되면 이건 더 이상 나무는 나무가 아닌 게 된다. 나는 이 세계 어딘가 떨어져 있는 낯선 생명체가 되고, 시간도 공간도 멈춰진 그곳에서 생각도 마음도 잃어간다. 나무가 서 있는 중심으로 과거의 내가, 미래의 내가 그곳에 마냥 서 있는 거 같다. 시원한 바람이 분다. 너의 잎 소리에 조심스레 가만히 손을 가져다 댄 순간, 살면서 힘들었던 크고 작은 모든 일들은 너를 만나 정말 아무것도 아닌 일이 되어버렸다. 너를 만나 나는 편안해졌다.

계단

빈틈이 주는 여유로움

 울퉁불퉁하고 넓적한 돌계단 사이에서 반짝이는 노란 별이 보였다. 시선을 끄는 노란 꽃을 보기 위해 몸을 구부렸다. 노란 가느다란 실이 한군데 묶여있는 것처럼 밑동으로 모여 넓게 퍼져있는 꽃, 너무나 흔해 관심이 없었던 민들레꽃이 돌 틈을 비집고 작은 꽃을 피워냈다. 돌계단은 예쁘기는 하지만 불편하다. 걷기에는 시멘트로 편편하게 빈틈이 없이 만들어진 계단이 편하다. 굴곡이 없고 매끄러운 시멘트 계단은 돌계단처럼 신경을 쓰며 걸을 필요가 없기 때문이다. 하지만 오늘은 이 빈틈이 나를 불러 세웠다. 민들레꽃과 이름 모를 다양한 풀들이 삐죽삐죽 자신의 얼굴을 내밀고 있다. 대부분 잡초일 것이다. 꽃과 풀, 식물에 관심이 별로 없는 나는 이름을 아는 것은 아무것도 없다. 단지 그 비좁은 틈에서 살아남는 것이 신기했다. 돌계단에 멈추어서 잠시 나를 생각해 보았다. 빈틈투성이인 나는 내 틈을 비집고 누군가 들어오는 것을 좋아하지 않는 편이다. 새로운 사람을 알게 되어도 나의 빈틈을 보이는 것이 싫다. 완벽하지도 못하면서 완벽한 척 그리고 허점이 없는 것처럼 행동한다. '당신과 별로 친하고 싶지 않아.'라고 온몸으로 말한다. 그렇기에 사람과의 관계도 선을 긋는다. 그러나 빈틈을 내주지 않으려는 시멘트 계단 사이에서도 이름 모를 풀은 자라난다. 아주 작은 틈만 있어도 뿌리를 내린다. 차라리 처음부터 돌계단처럼 여유로운 마음으로 받아들인다면 더 편안했을 수도 있다. 새로운 사람에게 나의 빈틈을 보이지 않으려는 몸부림은 내가 구멍투성이기 때문이다. 나의 약점을 누군가에게 들키는 것이 싫어 새로운 사람과 마음을 잘 열지 못하고 나를 감춘다. 하지만 감춘다고 나오지 않는 것은 아니다. 오히려 감춘 틈에서 나오는 허점이 더 창피하고 부끄러운 일이다. 이 세상에 완벽한 것은 아무것도 없다. 부족함을 하나씩 채워가는 것이 삶이다. 이제 조금은 술렁술렁한 나의 모습을 보여 주어야 하는 나이가 되었다. 울퉁불퉁 비뚤

비뚤하면 어떤가? 그 사이로 새로운 풀과 꽃들이 피어나듯 나의 빈틈은 새로운 꽃이 피도록 허락할 수 있지 않을까?

하늘

존재의 의미

산책을 하려고 동네 오름을 찾았다. 땀 뻘뻘 흘리며 정상에 올랐더니 하늘에 조금 더 가까워진 기분이 들었다. 돗자리를 펴고 누워서 하늘을 가만히 올려다보았다. 폭신폭신 구름도 예쁘고, 태양의 강렬함도 예쁘고, 지나가는 새들도 예뻤다. 구름이 천천히 움직이는 모습을 보고 있으니 신선놀음이 따로 없었다. 하늘색이라 칭하는 그 색감이 내 위를 가득 채웠다. 그리고 중간중간 보이는 다양한 색감에 빠져들었다. 하늘이 어찌나 넓고 커다랗던지, 하늘색이라는 한 가지 색으로 담기에는 부족했다. 다채로운 색감의 하늘이 어찌나 황홀한지 눈물까지 핑 돌았다. 하늘의 아름다움에 매료되어 시간이 얼마나 흘러갔는지도 잊어버릴 정도로 가만히 누워있었다.

그러다 문득 내가 이렇게 커다랗게 생각하는 하늘은 우주의 지극히 일부분에 불과한데, 우주에서 바라보는 나는 얼마나 작고 사소할까 하는 생각이 들었다. 아무리 바라봐도 끝이 보이지 않는 하늘, 그보다 더 끝없이 먼 우주. '우리는 우주의 광활함 앞에서 어떤 존재일까?' 우리의 짧은 생애가 우주의 시간 속에서는 얼마나 미미한 것인지를 깨닫고, 나의 존재에 대해 겸손해졌다. 그리고 나의 삶에 무한한 감사의 마음이 생겼다. 광활한 우주 안에서 단 하나뿐인 소중한 존재로 태어나다니…. 이 얼마나 의미 있는 일인가!

태양이 서서히 지평선 너머로 내려가며, 하늘이 노란빛과 주황빛으로 물들었다. 하루의 끝자락, 노을 진 하늘을 바라보며 내 존재에 대한 의미를 되새겼다.

창문

나와 세상의 소통 창구

 산책을 하다 보면 유난히 마음을 끄는 가게들이 있다. 그 가게들의 공통점은 아주 큰 창문을 가지고 있다는 점이다. 통유리로 개방감이 있고 모든 것들이 한눈에 보이는 가게들도 좋지만, 왠지 벽면 사이 창문을 통해 안이 보이고, 그 창문을 통해 쏟아져 들어오는 햇살이 더 특별해 보인다. 유난히 어릴 때부터 집을 그릴 때면 항상 창문을 크게 그렸다. 미천한 실력에 투박하며 틀에 박힌 창문이었지만 시원시원하니 마음을 활짝 열고 있는 느낌의 창문들이었다. 창문은 안과 밖, 나와 타인, 나와 세상이 연결되는 통로이자 열쇠였다. 누구나 드나들 수 있는 큰문도 있지만 창문은 조금 다르다. 관심을 갖고 신경을 써야 알아볼 수 있다. 그렇지 않다면 하루에 아니, 일 년에 한 번도 열리지 않을 수 있다. 창문을 열면 쏟아지는 햇살과 바람과 공기를 맞이하고 안에 고여있던 탁한 것들이 날아가는 기분이 든다. 해방감과 자유로움이라고 해야 할까? 그러고 보면 내 안의 창문은 몇 개나 있을까? 난 그 창문들을 잘 열어 내 안에 고인 것들을 날려버리고 새로운 것들을 받아들이며 순환하는 삶을 살고 있을까? 햇살을 좋아하고 바람을 좋아하고 푸른 하늘의 구름을 좋아하던 어린 시절, 그 아이처럼 지금도 마음의 창문을 활짝 열고 웃고 있는 중년이 되어있기를 희망한다.

오늘도 맑음, 나랑 산책할래요?

작가의 말

작가의 말 • 고은경

 동네를 거니는 시간은 일상의 소란 속에서 잠시 벗어나 나를 돌아보는 소중한 순간이다. 하루하루 바쁘게 살아가다 보면 종종 나 자신을 잊어버리기 쉽지만, 동네를 천천히 거닐면 자연스럽게 나와 마주하게 된다. 익숙한 가게들, 자주 지나치던 공원, 그리고 늘 보던 길가의 나무들까지 모든 것들이 마치 나에게 말을 걸어오는 듯하다. "여기에 네가 보이지 않니?"

 익숙한 길을 걸으며, 그곳에서 나를 발견한다. 어린 시절의 추억을 떠올리며 다양한 감정도 느껴보고, 미처 깨닫지 못했던 소소한 행복을 발견하기도 하고, 여유 속에서 나 자신과의 대화를 나누기도 한다. 일상 속에서 잊고 지냈던 나의 소중한 모습들, 그동안의 시간들이 스며든 공간들 속에서 나를 만나게 되었다. 내가 지나온 모든 길과 장소에는 나의 이야기가 스며 있다.

작가의 말 • 글_썽

넓은 세상을 알고 싶으면 길을 떠나고 사람을 알고 싶으면 함께 떠나야 한다. 참 이상도 하지. 땅을 밟고 앞으로 나아가면 세상을 더 많이 알 거라고 자신한다. 하지만 결국 세상보다는 사람을 알게 된다. "길을 걸었지 누군가 옆에 있다고~" 산울림의 〈회상〉 노랫말처럼 그 '누군가'는 다름 아닌 바로 '나 자신'이었다. 오늘의 나와 어제의 내가 손을 맞잡고 도란도란 이야기를 나눌 때, 귀와 마음을 열어두는 것은 산책의 첫 준비물이다. 두 번째 준비물은 떠오르는 모든 것을 튕겨내지 않고 전부 안아주겠다는 말랑말랑한 가슴이다. 그리고 가능한 한 사색의 속도에 맞춰서 발걸음을 떼거나 멈춰야 한다. 가득 찬 물이 넘치지 않도록 눈과 손과 몸이 협응을 하듯이 산책은 눈과 시간과 감정이 평형을 이뤄야 한다. 어느 것 하나 먼저 나서지 않고 어우러져 향기를 피울 때 마침내 나와 조우한다. 그리고 깨닫는다. "나를 사랑하고 있구나." 얼마나 감사한 산책길인가! 오랜만에 문밖을 나서야겠다. 혼자 걷는 내가 그냥 좋다.

글_썽 blog @inyhunymom

작가의 말 • 김은성

 내가 태어나 자란 곳은 서울의 서쪽에 있는 작은 동네다. 아빠는 그곳이 아무것도 없는 허허벌판이었지만 그래도 논밭이던 강남보다는 훨씬 나아서 그곳을 선택했다고 하셨다. 직접 집을 짓고, 1층에서 2층으로 증축을 하고, 연탄보일러에서 기름보일러로 다시 가스보일러로 바꾸며 그렇게 아빠는 평생을 그 집에서 살다 돌아가셨다. 덕분에 내 인생의 절반은 '이사'라는 걸 모르고 살았는데, 어쩌다 보니 결혼 후부터 계속 이사를 다니고 있다. 서울시에서 경기도로 대전광역시로 다시 충청북도로. 시와 도의 경계를 넘나드는 나의 이사 여정에 낯섦과 외로움은 거부할 수 없는 덤이지만 가끔은 그 안에서 발견하는 인생의 의미들로 충만해지곤 한다. 이 책에는 '오창'이라는 이름도 처음 듣는 낯선 곳으로 이사한 후의 이야기들을 담았다. 산책길에 만난 사람들과 풍경들 덕분에 이제는 조금 익숙해진 이곳에서의 추억을 간직할 수 있어서 기쁘다.

작가의 말 • 까사아은진

 약속 시간을 지키기 위해 목적지를 향해 빠르게 걷다 보면 하늘을 올려다볼 여유가 없다. 오늘의 햇살이 어제와 같았는지 달랐는지 그조차 생각하지 못한다. 그렇게 일상에서의 나를 놓칠 땐 화장을 지우고 집을 나선다. 사실 소파에 주저앉고 싶은 마음을 떨치기까지 나와의 싸움이 있지만 걷기 시작하면 게으름을 떨치고 나선 내 자신을 매번 칭찬한다.

 놀이터와 나무가 많은 동네를 걷다 보면 전봇대와 가로등이 길을 나선 나에게 인사를 건넨다. 담장 밖으로 활짝 핀 장미꽃의 너울지는 향기는 산책길을 꽃길로 만들어준다. 동네를 걸으며 받는 뜻밖의 선물은 오늘의 허무함을 채워준다. 별거 없을 거 같은 동네지만 바라보는 시선에 따라 나의 이야기가 달라진다. 익숙한 고단함에 지친 당신이라면 지금 현관을 열고 나가 보길. 산책길에서 우연히 만나게 되는 이야기로 미소 짓는 자신을 발견하게 될 것이다.

작가의 말 • 느루

  자주는 아니지만 동네랑 동네 근처의 공원을 걷다 보면 여러 가지 생물과 사물들이 있다. 새, 나무, 벤치 등 우리 곁에 늘 머물러 있어 사소하고 흔해서 눈길을 주지 않고 지나치지만, 우리 산책길을 묵묵히 지키고 있는 것 말이다. 이번 좋은 기회를 통해서 그것들에 대해 생각하며 눈에 띄지 않는 것들에 대한 소중함에 대해 알 수 있었고, 그것들 말고도 늘 우리 곁에 있지만, 미처 보지 않는 것들에 관해 관심을 두고, 함부로 대하면 안 되겠다고 생각하게 되어서 좋았다. 더해서 그것들을 통해서 내가 어떤 생각을 하는지, 어떻게 느꼈는지 구체화하면서 돌아볼 수 있었다. 일상에서 미처 생각하지 않았던 것들에 대해 글을 쓰는 과정이 고되고 힘들었지만, 다음에도 이런 기회가 된다면 참여하고 싶다. 이 책을 보시는 분들도 사소하고 흔해서 지나치는 것들에 대해 생각하고 어떤 추억이 있었는지 생각할 수 있는 계기가 될 수 있었으면 좋겠다.

작가의 말 • 백송희

 동네마다 뿜어내는 힘은 다르다. 총 6개의 동네에 살았고 그마다 기억에 남은 냄새와 분위기가 다 달랐다. 이는 당시 환경의 온도를 따라간다 생각했지만 곰곰히 생각해 보니 서울에 처음 올라와 취업 준비를 하던 동네가 가장 기억에 남는 것을 보면 그건 아닌가 보다. 낯선 동네에서 외롭고 힘들었지만 절로 미소가 지어지는 그때의 기억은 아마 당시 룸메이트 덕분일 거다. 아무리 요즘 개인주의라고 하지만 사람과 부딪히고 더불어 살아간다는 게 무엇보다 큰 힘이 된다. 지금도 동네에서 느껴지는 사람 냄새와 소리를 묻히며 살아가고 있다.

 여전히 동네를 거닐며 주변을 '관찰'하고 '사색'을 한다. 자연의 이치에 따라 흘러가는 모든 것들이 평화롭고 조화롭기에 바라만 보아도 마음이 편안해진다. 새삼 변해버린 나뭇잎의 색에 놀라고 종종 가던 카페에 붙여진 임대라는 글자에 슬퍼도 해보고 우연히 들린 술집이 맘에 들어 지도 어플에 하트를 붙이는 소확행을 즐긴다. 당신도 동네의 살아있음을 느끼며 많은 추억을 떠올렸으면 좋겠다.

백송희 Instagram @shine_pine_

작가의 말 • 신혜원

 어렸을 때부터 작가가 되고 싶단 꿈 하나로 방송작가, 콘텐츠 마케터/에디터를 거쳐 현재는 N잡을 하는 프리랜서로 살아가고 있다. 스트레스가 쌓이면 정처 없이 걷기를 반복한다. 목적지를 모르면 불안해하면서도 가끔 그 불안함을 즐긴다. 큰 창이 있는 카페에 앉아 사람 구경, 바람에 흔들거리는 나무 구경하는 걸 좋아한다. 서울에서 태어나 서울에서 자랐지만 독립하고 싶단 마음에 서울 신림에서 혼자 살기를 시작한 지 약 2년이 된 아직은 초보 자취러. 혼자 살면서 '나'를 더욱 깊게 관찰할 수 있었고 나의 이야기를 팔아 사람들에게 위로가 될 수 있는 글을 쓰고 싶어 하는 사람. 죽을 때까지 '글' 쓰는 거만큼은 멈추고 싶지 않은 것처럼, 이제 '나'뿐만 아닌 내 '주변'까지 관찰하는 사람이 되기 위해 홀로 고군분투하며 보고, 듣고, 읽으며 나만의 스토리를 써 내려가고 있다.

신혜원 Instagram @hye.woni2

작가의 말 • 양현주

  주말이면 동네 산책을 즐겨 한다. 특히 좋아하는 길은 봄이 되면 노란 산수유와 개나리꽃이 만발하고 여름에는 싱그러운 초록빛이 가득한 강둑길이다. 이 강둑길을 산책하는 시간만큼은 온전히 길을 걷는 행위에만 집중하려고 노력한다. 빠른 걸음, 느린 걸음 어떤 걸음이든 좋다. 그날의 기분에 맞춰 한 걸음 한 걸음 내디딘다. '이 길로 가볼까 아니면 멈출까? 강둑 너머에는 어떤 길이 있을까?' 이런저런 물음과 생각 속에서 과거의 나를 안아주고 현재의 나를 토닥이기도 하며 미래를 응원하기도 한다. 그렇게 걸어 이윽고 당도한 시장에서 동반자와 함께 소박한 먹거리를 즐기거나 장을 보는 것 또한 주말 산책의 재미 중의 하나이다. 그리고 이런 일상의 소중함을 간직하고자 기록으로 남겨두는 중이다. 오늘은 어떤 풍경이 기다리고 있을까? 오늘도 가볍게 산책을 나서본다.

양현주 Blog @maroyang

작가의 말 • 우중밀

 호기심이 많아서 해보고 싶은 것도 많았다. 그중 언젠가 책을 쓰고 싶다는 바램도 있었는데 이번에 공동 출판으로 그 첫발을 내딛게 되어 기쁘다. 어떤 글은 쓰면서 즐겁기도 했고, 어떤 글은 내 안의 부끄러운 바닥이 드러난 것 같아 괴롭기도 했다. 일상에서 흔히 보는 사물에 대해 글을 쓰면서 나 자신도 미처 몰랐던 내면의 생각들을 들여다볼 수 있었다.

 하고 싶은 것을 하고 살라며 응원해 주고 뿌리 깊은 나무처럼 곁에 있어 주는 내 반려자에게 깊은 사랑과 감사를 드린다. 내 인생이 파랑새를 찾아 떠나는 시린 여정이었다면, 이제는 우리가 있는 곳이 파랑새의 집임을 안다.

작가의 말 · 윤슬

"살아갈 말들이 부족해 공부를 시작했다."는 어느 작가의 고백이 마음을 울렸다. 나도 언제부턴가 살아가는 삶의 언어들이 건조해지고 말라 갔다. 숨이 막히는 듯 답답했고 말을 하기 어려웠다. 그래서 책을 읽고 글을 쓰며 다시 삶의 말들을 배우기 시작했다. 팍팍하고 힘든 삶 속에서 희망을 찾고 웃음을 찾고 다시 살아갈 힘을 줄 수 있는 글을 읽고 쓰고 싶다. 내가 하는 말들이 형식적으로 포장된 죽어있는 사어(死語)가 아닌 생생히 살아 숨 쉬며 에너지를 줄 수 있는 생어(生語)가 되길 바란다. '내가 쓰는 말, 내가 쓰는 글이 곧 나'이듯 사람들의 말을 들어주고 공감하고 아픔을 나누고 마음을 보듬어 줄 수 있는 따뜻한 사람이 되고 싶다.

윤슬 Blog @aramir-

작가의 말 • 이소정

 난 혼자도 좋지만 함께하는 것을 더 좋아한다. 특히, 동네에서 마을 사람들과 함께하는 것을 좋아한다. 나는 지금 사는 동네에 태어나 지금까지도 같은 자리에 머물고 있다. 일명 토박이. 어린 시절부터 골목대장이라는 이름에 걸맞게 동네 곳곳을 돌아다니며 '나'를 남겼다. 커다란 느티나무 아래서 수박 쪼개 나누어 먹고, 경로당에서 어르신들에게 화투를 배우고, 농사철 김장철이면 서로 품앗이하며 돕고, 동네 아파트 뒤에 아지트 만들어 놓고 초등학교 운동회 날이면 마을 잔치로 즐겼다. 지금은 많은 개발과 새로운 입주민들로 낯선 공기들이 가득하지만 나에게 여전히 동네에서 함께 어울리던 추억의 향수가 남아 있다. 그런 동네를 나는 애정하며 다시 그런 동네의 분위기가 되살아나길 바라고 있다. 30일의 키워드를 통한 동네 산책. 이에 따라 잊고 있었던 동네, 그리고 나를 발견할 수 있는 시간이었다. 이 책을 읽고 있는 누군가도 동네를 산책하며 그동안 잊고 지냈던 것들을 발견해 볼 수 있길 바란다.

작가의 말 • 이휴영

　나의 꿈은 일찌감치 정해져 있었다. 상황과 환경이란 게 따라주지 않아 나는 늘 그것이 불행이라고 생각해. 내가 어른이 되었을 때 나는 열정을 다해 무언가 쓰고, 꿈을 키웠다, 그때 나는 다 태웠다. 그런 20대가 끝나가고 '아닌가? 타고난 재능이 있는 사람들만이 글을 쓰는 건가?' 좌절하고 또 좌절했다. 누구도 읽지 않는 글을 쓴다는 건 고통이다. 불행이다. 그래서 아무것도 하지 않았다. 아무것도 하지 않는 내가 때로 죽음을 택한 사람들보다 더 못났단 생각이 들 때도 많았지만, 그래도 그렇게 생은 흘러가고 살아졌다. 그런데 누군가는 그냥 써보라고 말한다. 그런데 누군가는 시작이라도 해보라고 말한다. 그래서 나는 첫걸음을 뗴었다. 그것이 형편없는 출발이었어도 걸었다. 걷고 나니 마음이 홀가분해졌다. 무거웠던 걸음이 점점 가벼워지기 시작했다. 아무 일도 일어나지 않을 거 같은 생에 바람이 분다. 나처럼 당신의 생에도 작은 바람이 일었으면 좋겠다. 그런 당신과 같이 걷고 싶다.

이휴영 Instagram @Leehyuyeong

작가의 말 • 하나야

 내 속에 있는 또 다른 나를 찾기 위해 그림을 그리기 시작했고 글도 썼다. 길을 잃고 헤매던 나에게 이원홍 작가의 '나를 들여다보는 데에는 산책만 한 '책'이 없다.'는 글은 나를 잡아당겼다. 그리고 산책을 시작했다. 산책은 걷기와 다르다. 산책은 일부러, 천천히 걷는 일이다. 목적지를 향해 바쁘게 걸어가는 것이 아닌 하나의 과정이다. 천천히 걸어야 주위를 볼 수 있고, 느리게 걸어야 나를 만날 수 있다. 예쁜 길을 걸어야만 좋은 산책이 아니다. 매일 같은 동네 길을 걸어도 다른 풍경과 다른 생각을 만나기 때문이다. 가끔은 같은 것에서 다른 것을 보기도 한다. 매일 아침 나에게 주는 작은 선물인 산책, 어떤 만남이 나를 기다리는지 설렌다. 나를 만나는 아주 쉬운 여행, "오늘 아침은 여러분도 함께 해보실래요?"

하나야 Blog @dasain11

작가의 말 • 홍지혜

 시간은 인간에게 채찍도 주고, 당근도 준다고 했던가. 따뜻하지만 쓴 에스프레소일까, 달콤하지만 쌉싸름한 카카오 98% 초콜릿일까, 고소하지만 텁텁한 견과류일까. 좋은 일이 있어도 여전히 부족한 듯하다.

 '시간'과 '인간' 사이에는 '공간'이 있다. '공간'은 기억과 감정이 흐르는 곳이고, 누구나 설어 다닐 수 있다. 그래서 내가 좋아하는 공간, 나에게 익숙한 공간, 내가 숨 쉴 수 있는 공간을 걷는 게 좋다. 마냥 좋다. 막연하게 좋다. 내가 살아 숨 쉬는 이 동네가 정말 좋다. 동네 골목 사이사이, 곳곳에서, 나를 있는 그대로 바라보게 하는 유리가 있고, 전봇대가 있고, 하늘이 있어서 좋다.

 이제 나, 한 걸음만 더 가면 좋을 텐데. 그 한 걸음은 아직 무겁다. 스스로를 있는 그대로 존중하는 일이 아직은 버겁다. 그렇지만 웃는다. 버거운 날도, 좋은 날도 막연하게 찾아오지만… 결국 나에게는 모두 나의 날이니까.

홍지혜 Instagram @e_aka_

| 오늘도 맑음, 나랑 산책할래요?
| 닫는 글

 동네를 한 바퀴 돌았더니 내가 보였다. 평소엔 아무렇지 않았던 평범한 동네에 의미를 부여하기 시작했기에 나와 닮은 구석을 곳곳에서 발견한 것이다.

 가로등, 가림막, 가족, 간판, 갈대, 건물, 계단, 골목, 공원, 구름, 그늘막, 꽃, 나무, 노점상, 놀이터, 대문, 도서관, 동산로, 버스, 버스 정류장, 벤치, 보호수, 분리수거장, 붕어빵, 사람, 사진관, 산책로, 새, 소나무, 소화전, 시장, 신호등, 안개, 안내 표지판, 양옥집, 어묵 국물, 유치원, 은행, 은행나무, 의자, 입간판, 자동차, 자전거, 자판기,

전봇대, 참새, 창문, 카페, 툇마루, 파라솔, 편의점, 하늘, 학교, 현수막, 횡단보도, CCTV. 동네 산책길을 수놓는 한 걸음을 소중하게 만드는 것들.

난 그저 사뿐사뿐 나긋하게 동네를 여행한다. 그리고 언젠가 산책길에서 당신을 마주하길 바란다.

"오늘도 맑음, 나랑 산책할래요?"

고은경, 글_썽, 김은성, 까사아은진, 느루, 백송희, 신혜원, 양현주, 우중밀, 윤슬, 이소정, 이휴영, 하나야, 홍지혜

동네에서 나를 만나다

오늘도 맑음, 나랑 산책할래요?

오늘도 맑음, 나랑 산책할래요?

1판 1쇄 발행 │ 2024년 7월 1일

지은이 │ 고은경, 글_썽, 김은성, 까사아은진, 느루, 백송희, 신혜원, 양현주, 우중밀, 윤슬, 이소정, 이휴영, 하나야, 홍지혜

편집.디자인 │ 새벽감성
발행인 │ 김지선
펴낸 곳 │ 새벽감성, 새벽감성1집

출판등록 │ 2016년 12월 23일 제2016-000098호
주소 │ 서울 양천구 월정로50길 16-8, 1층 새벽감성1집
이메일 │ dawnsense@naver.com
블로그 │ blog.naver.com/dawnsense
인스타그램 │ @dawnsense_1.zip

*책값은 표지에 있습니다.
*잘못된 책은 구입처에서 교환해 드립니다.
*이 책의 사진과 글의 전부 또는 일부를 발췌하거나 인용하려면
 반드시 새벽감성 출판사의 동의를 얻어야 합니다.